JN062022

メラニー・クライン ベーシックス

Melanie Klein : The Basics

R・D・ヒンシェルウッド／トマス・フォーチュナ 著

平井正三 監訳　武藤誠 訳

岩崎学術出版社

MELANIE KLEIN: The Basics, 1st edition
by Robert D. Hinshelwood and Tomasz Fortuna
Copyright © 2018 by R. D. Hinshelwood and Tomasz Fortuna
All Rights Reserved.
Authorised translation from the English language edition published by Routledge,
a member of the Taylor & Francis Group
Japanese translation published by arrangement with Taylor & Francis Group
through The English Agency (Japan) Ltd.

本書について

『メラニー・クライン ベーシックス』は，メラニー・クラインの人生と業績をわかりやすく簡潔に紹介している。クラインの発見は，フロイトや他の分析家の発見を発展させ，人間心理の無意識の領域への洞察を深めた。クラインの研究は，不安や（しばしばそれと気づかれない）葛藤に苦しんでいる子どもたちのための精神分析の方法を開発することから始まった。それよって，人間の心とアイデンティティの発達における初期の重要な段階を理解することができるようになった。彼女が創始し発展させたのは臨床と理論の一つの流れであるが，彼女の発見の多くは，精神分析の他の学派からも高く評価されている。

本書は4部から成り，各部には読書案内が付せられ，巻末には重要な用語の解説が掲載されている。第Ⅰ部では，彼女の生涯，精神分析への初期の関心，最初の発見という流れでメラニー・クラインが紹介される。第Ⅱ部では，彼女の子どもの分析技法の発展を取り上げ，この分野における彼女の洞察と結論が，成人の分析技法と，人間の心のより一般的な理解にどのように影響を与えたかが論じられている。第Ⅲ部では，精神分析技法の科学的・臨床的発展，特に精神病や感情障害などの深刻な情緒的混乱の理解と治療にさらに焦点を当てている。第Ⅳ部では，クライン派およびポスト・クライン派の精神分析における現代の発展に焦点を当て，臨床的，文化的，社会政治的な応用について考察している。各章は，冒頭に基本的な問いを提起し，クラインがこの問いにどのように向き合い，自分の考えを発展させていったかを説明し，次の章で取り上げるべきフォローアップの問いや問題で締めくくられている。

本書は，メラニー・クラインについて明快かつ簡便な入門書を求めるあらゆる分野の読者に大いにアピールすることだろう。また，メラニー・クラインの貢献についての簡潔な概観を求める，精神分析分野で働く研究者や専門家の興味もそそることと思う。

R. D. ヒンシェルウッドは，英国の精神科医，精神分析家であり，公共サービス（国民保健サービス［NHS］と大学）に従事し，精神分析と心理療法の教

iv

育に取り組んできた。彼はクライン派の精神分析について，また社会科学や政治への精神分析の応用について執筆している。また，さまざまな精神分析学派の間で実証的な比較を行うことが孕む諸問題に関心を持ち，著作を出版している。

トマス・フォーチュナは，ロンドンの精神分析研究所で精神分析家としての訓練を受けた。英国精神分析協会，ハンナ・シーガル精神分析研究所，および両組織の科学委員会のメンバーである。12年以上 NHS の精神科医として勤務し，現在はポートマン・クリニックでニューアム青少年精神保健チームに勤務するほか，精神分析の個人開業にも従事している。専門的な関心は，精神分析と芸術の関係や，重度の情緒的混乱の理解にある。『エンペドクレス：欧州コミュニケーション哲学雑誌（Empedocles：European Journal for the Philosophy of Communication)』の客員編集委員でもある。

私たちの仕事をサポートし，私たちの気まぐれに耐えしのばざるを得なかった，
妻たちへ。

目　次

謝　辞

　これから述べていく概念についての理解はすべて，私たち自身の分析および臨床活動を通じた個人的な経験から得たものである。そこで，私たちの分析家であるスタンリー・リーとデイヴィッド・ベルの計り知れない助力に感謝したい。彼らは，私たちが今生活を送る上で頼りにしている助けを与えてくれただけでなく，私たち自身の精神力動を指摘することで，本書執筆に必要な臨床例を余すことなく示してくれた。この本をいくらか権威あるものとして書けるように私たちが学んで来ることができたのは，次に挙げる訓練期間中とその後のスーパーヴァイザーたちのおかげである。イザベル・メンズィーズ，シドニー・クライン，エスター・ビック，ベティ・ジョセフ，イルマ・ブレンマン・ピック，プリシラ・ロス，そしてジョン・スタイナー。

　また，出版社，とりわけ編集者のスザンナ・フリアーソンには，原稿が読者の手に渡るまでに通らなければならない通常の（そして異常な）障害を乗り越えて，本書を産み出してくれたことに感謝しなければならない。

　そしてもちろん，この本を読むずっと以前から内的対象として存在し，私たちの仕事と，私たちにとって最も関心のあるこれらの話題に並々ならぬ関心を示してくれた読者がいる。

　最後に，アイザック・ニュートンが言ったように，私たちは巨人の肩の上に立っている。メラニー・クラインは，何世代もの分析者にインスピレーションを与えてきた。私たち二人がいるのもメラニー・クラインのおかげである。私たちは，メラニー・クラインが始めた刺激的で豊穣な仕事に対して，いくらかでも正当な評価を下すことができればと願っている。

イントロダクション

　メラニー・クラインの基本的な考えを紹介するには，そもそものはじまりから始めるのがわかりやすい。クラインは，独自のやり方でフロイトの仕事を発展させた名高い精神分析家であった。彼女は，初めて子どもの分析をした分析家のひとりであり，心の重篤な混乱を理解するための土台を作った。

　しかしそもそも，私たち精神分析家というのはいったい何者なのだろうか？ すこし神秘的で，ちょっと怖い存在？　意識の向こう側にあるものに入れ込んだ連中？　確かに，そうかもしれない……。私たち精神分析家が指針としているのは，人間は誰もが心を持っているにもかかわらず，自らの心について知らないことがたくさんあるという考えである。本書はおおむねクラインの仕事に焦点を当てるのだが，現代の精神分析家が自分らの仕事についてどのように考えているのかを読者が理解してくれることも願う。

　私たちの文化では，精神分析と精神分析家はユーモラスに描かれてきた。それは，精神分析の実際の様子をわかりやすく伝えるためであるとも言えるし，精神分析を取り巻いている，ときに不気味な「神秘」を見ないでおくためであるとも言える。アメリカの映画監督ウッディ・アレンは，彼自身も分析を受けていて，作品の中で何度も精神分析に言及している。「アニー・ホール」（1977）という作品では，自分の分析を語る主人公が，自分の分析家に最後通告を突きつける。曰く，もし一年以内に前進がみられなかった場合，自分はルルド（カトリックの巡礼地）に行くつもりだ，と。別のところでアレンは，精神分析をピアノのレッスンに喩えて，冗談めかしてこう言っている。何年も全く変化が見られないのだけれど，ある日突然，自分がピアノを弾けるようになっているのに気がつくんだ。

　精神分析を受けようとしている人は，ルルドへの巡礼と表されるように，すぐに結果が出ることや「奇跡」を望んでいるものだ。しかし，彼らが理解しなければいけないのは，精神分析家のもとで，自分自身を知り，人生にどう対処したらよいかを知るようになるのは，ゆっくりとしたプロセスを踏むということである。それは，

被分析者がどれくらい自分について見つけ出したいと思うか，あるいは，見つけ出すことができるか次第なのである。つまり，分析を受ける個人のペースに従って分析は進んでいくのである。

　クラインは，第一次世界大戦後の精神分析の発展に重要な貢献をした。とはいえ，彼女の着想は，1900年以来ジークムント・フロイトがすでに発展させ体系化した着想に由来している。本書では，フロイトの考え（や「古典的精神分析」）に言及することがあるが，フロイトからクラインへの発展を位置づけるために重要なときに限って詳細に取り扱うことになるだろう。

　メラニー・クラインの傑出した後継者であるハンナ・シーガルは，2001年の一般講演で，当時の精神分析が依って立つところについてこう話している。

　　私は精神分析家ですので，当然ながら，まず私たちの起源に目を向けます。私たちはどこから来たのでしょう？　私たちの仕事はフロイトの仕事にルーツがあります。心的現実という考えをはじめて導入したのはフロイトです。つまり，物質の世界と同じくらいリアルな心的現実や現象というものが存在している，とフロイトは言ったのです。たとえば，私はあなたが好きだとか嫌いだとかいう事実や，世界は私に敵対しているという事実は，計測し計量できる物理的な事実と同じくらいリアルで重要なのです。この心的現実は，それを研究していき，その構造の地図を作成することが可能なのです。心的現実の果たす機能は，新しい探究の方法を使うことで，物理現象のように，探知し，観察し，詳細に探究することが可能なのです。この心的現実には意味があり，それは理解が可能なのです。最初の研究の中で，フロイトは，たとえばヒステリー症状にも，そして夢にも心的意味がある，と発見しました。

　　私たちのアプローチを特徴づける二つ目は，無意識的なものの存在を認めることです。たとえばヒステリー症状の意味は，意識的なメタファーではありません。無意識なのです。ですから，私たちの基本的な見解は，心的内的世界が存在するということ，そして，この世界は大部分無意識である，ということです。この考えは，最初は奇妙に聞こえるかもしれません。

　　そして，いま述べた二つの見解から生じる三つ目の見解は，象徴化の本質的な重要性です。

（Segal, 2007, p. 47）

考えを深めるために一つの事例を挙げよう。

　ある若い女性は，首に慢性的な凝りと不快感を抱えていた。医者にはかかっていたが，理学療法や投薬を受けても，この症状が何故なくならないのか，誰にも説明できなかった。のちに彼女は友人にこのことを話しているうちに，その頃，自分が解決しないといけないことをたくさん抱えており，それがまさに「重荷（＝首にぶらさがる石臼<ruby>ミルストーン・アラウンド・ネック</ruby>）」となっていたということに気づいたのだった。お分かりのように，心的苦痛というのは，それに気がついていないとき（つまり無意識のとき）には，身体症状として姿を現す。それはその苦痛からのメッセージであり，ここでは「首にぶらさがる石臼（＝重荷）」というメタファーを通して表されている。こういったことは，分析の中で，実際の身体疾患の兆候としてではなく，働きすぎであったり，何かに悩まされたりしていることの象徴的表現として理解されうる。ときにはそれは自然と理解されることもある。フロイトが人間の無意識の心を発見したのは，転換障害（つまりヒステリー）における同様の症状に関心を持ちそれを理解しようとする中であった。

　心的現実，無意識，そして象徴化は，そこから精神分析が飛躍していく基礎となる考えである。本書で示される考えは，その一つの発展を示している。
　こうしたわけで，精神分析には，すでにその固有の歴史がある。ロジャー・マニ‐カイル（Money-Kyrle, 1968）は，フロイトから分析を受け，つぎにクラインに分析を受けたことで，一つの展望を持つに至った。彼は，精神分析の歴史をおおざっぱに三つに区切った。

マニ‐カイルによる歴史区分

1. 1890年代から1930年頃までは，エディプス・コンプレックスに重きが置かれていた。エディプス・コンプレックスは，多大な情緒的葛藤を引き起こし，無意識へと抑圧される傾向がある。治療は，抑圧を解除することで，隠された葛藤についてより多くの知識を得ることにあった。
2. 1925年頃から1940年代までは，自己や他者に向けられた，愛と憎しみとの間の葛藤に焦点が移った。
3. 1946年以降は，無意識に動機づけられた誤った知覚から，現実の感覚を護る

という問題に焦点が移った。無意識に動機づけられた誤った知覚は，多かれ少なかれ現実を破壊するものであり，この問題は，精神病患者（とはいえ，誰しも精神病をある程度患っている）の抱える問題と類似点をもつ。

メラニー・クラインは，第2期に重要な貢献をした。一方で，第3期はクラインの後期の考えを元にして，ほぼ彼女の後継者たちによって形作られた時期といえる。第1期は言うまでもなくフロイトによって開始された（また，この古典的な形態の精神分析は，実際に精神分析の世界の一部に存続している）。

本書の読み方

私たちは可能な限り，クラインの考えを問いの形で表現し，各章を構成した。最初に問いがあり，その問いに答えるようにして彼女が発展させた原理へと進んでいく。そして，その答えから生じるさらなる問いや問題点は，次の章のテーマとなる。お分かりのように，こうすることで私たちは，新たな原理や答え，あるいはその修正にその都度出会うことになる。各章は，基本的な問いを表題としている。そして，本文は，クラインがその問いにどのように向き合い，取り組むことで自分の考えを発展させていったのかの説明となっている。各章では，その歩みのひとつを描き出すことを狙いとしている。

私たちはこの書き方によって，どの基本的原理が時の試練に耐え，どの原理が脇に追いやられてきたのかを明らかにし，そうすることで，積み上げられてきた基礎と，その不朽の価値をリストにまとめるつもりである。こうして，クラインの基本的考えがどのように現れてきたのかが示されることだろう。

さらに，本書で述べた諸概念について知識や理解を深めたいと願う人に向けて，各章のおわりには簡潔なまとめの欄を設けた。そして，本書の4つの部の終わりには，より知りたい読者への文献紹介欄を設けた。

また，精神分析用語の用語集，書誌，索引は，本書の終わりにまとめてある。

第Ⅰ部　新しい方法，新しい事実

　子どもは楽しみ，遊ぶだけでなく，人生と格闘もしている。それだから，子どもであるということは，楽しいばかりでも簡単なことでもない。子どもから大人になっていくことも簡単なことではない。しかし，なぜ子どもであることは，まさに格闘であり，私たちの楽しみは邪魔されるのか。私たちはしばしば，その深いルーツについて気がついていない。子どもには内なる生，つまり心の現実というものがある。子どもはその現実を文字通り遊びで表現してくれる。子どもは喜びや痛みを遊ぶのである。メラニー・クラインは次のように書いている。

> 　子どもの分析において初心者は興味深く驚くべき経験をたくさんする。そのうちのひとつは，とても幼い子どもであっても，大人よりもはるかに素晴らしい洞察力があることを見出すことである。
>
> (Klein, 1955, pp. 131-132)

　クラインは，大人からよりも子どもからの方が，心の早期の発達について学ぶことが大きいだろうとの着想をもって，その探求を開始した。

　ここで，クラインの後継者のひとり，ベティ・ジョセフが記述した，そういった仕事の例を提示しよう。ジョセフは，秘密保持の必要からGと呼ぶ3歳男子のケースを報告している。Gは不安が深刻なため，彼女のところにやってきた。Gは「とても支配的で，コントロールがきかない」と書かれている。次に引用するのは，ジョセフとGとのあるセッションの記述である。前日には，Gは落ち着きがなく，叫んだり，物を蹴飛ばしたりしていて，プレイルームから出ようとした。ジョセフが，Gの遊びと行動をどのように観察し，解釈したのか注目しよう。

　翌日，彼はプレイルームにスマーティーズ^{訳注1)}を一本と風船ガムを持って，意

気揚々とやって来た。そしてスマーティーズを食べ，ガムをかんだ。これに対して，私は彼に次のように伝えた。昨日は私にとても腹を立てていたけれども，今日は違うように感じている。今日は甘い物を持って来たね，と。彼はガムを口から出して，私の手の中にそっと置いた。そして立ち上がり，ローテーブルのそばにある小さな椅子のところへ行き，その椅子を揺らした。座面がテーブルの下にあったので，当然のことながら，椅子は倒れなかった。彼はふたたびその椅子を揺らしたが，その椅子は倒れなかった。彼はそこにあった他の椅子でも同じことを試した。私は解釈した。私が昨日あなたに屈服せず，そこの椅子のように毅然と揺るぎないままであって，あなたが私を圧倒するままにはしなかったことで，あなたはほっとしているようだね，と。Gはそのあと，別の事をし始め，そのセッションが終わって帰るときには，友好的にさよならを言った。

　私は，これらのセッションで，Gが彼の内的世界と不安のいくらかを実演したのだと考える。彼は対象をなにがなんでも屈服させようとし，自分の思い通りにならなかったときに暴力をふるうのである。そしてその暴力によって不安が増して，その結果，分析家とプレイルームが迫害的になっていき，彼はそこから立ち去り，逃げなければならなくなるのである（Joseph, 2001, pp. 190-191）。

　メラニー・クラインは，子どもを分析する方法を発展させた最初の分析家のひとりである。クラインは，子どもたちに，頭に浮かぶ考えを話してもらうのを当てにする方法ではなく，おもちゃで遊んでもらうという方法を発展させた。クラインが彼女の方法を発展させたほぼ同時期に，アンナ・フロイト（ジークムント・フロイトの娘）が，いくらか違った方法を発展させた。そして，そのライバル関係は，多かれ少なかれ現在まで続いている。

訳注1）チョコレート菓子の名前。

第1章　メラニー・クラインとは何者か？

　精神分析家たちがその職業に導かれていった道筋は，人によってずいぶん違う。けれども，彼ら自身が困難を抱えており，そのことで心の内側に目を向けて考えるようになっていったことが，そこに含まれていることが多い。

　私たちが知りうる限り，どのような状況があったために，メラニー・クラインが自分自身の人生の道筋を立ち止まって考えなおすことになったのか，見ていこう。

キーワード
- メラニー・クラインの生育史
- 心の内側に目を向けること
- ウィーンとブダペストにおける精神分析

　メラニー・ライツェスは，1882年にウィーンのユダヤ人家族の中に生まれた。そして，誰もがそうであるように，彼女も自分自身の葛藤や失望と格闘した。学校では勉強のできる生徒であった。そして医者になるという夢を実現するためにギムナジウムへと進学した。ギムナジウムは，大学へ進学することができる水準の高等学校のことである。ギムナジウムへの進学に当たっては，ギリシャ語とラテン語の試験に受かることが必要で，それを兄のエマニュエルに教えてもらった。彼女は若い頃より野心にあふれ，はっきりとした目標を持っていた。十代で医者になりたいと決意した。医者として訓練を受ける女性がほとんどいなかった当時では，そのような決意はとても珍しいことだった。

　実際には，彼女は医学校へは進学できなかった。彼女の父親は，もともとは医師の訓練を受けたが，歯科医となり，あまり成功していなかった。そのため，メラニーが19歳の時，家族は，化学エンジニアで，彼女の兄の友人であるアーサー・クラインと結婚させた。アーサーは，メラニーがまだ17歳のとき，彼女に恋したのだった。この時点で，メラニー・クラインは結婚と家族とに身を捧げる人生に向き合うことになった。その年齢で，医師になる計画を諦めざるをえないと感じることは，才能とやる気にあふれたティーンエイジャーにとって

は，相当な失望を感じたに違いない。

　しかしながら，彼女の家族にはとても開かれた雰囲気があったし，平等の感覚もあった。父親は，彼自身の両親が彼にラビになってほしいと願っていたにもかかわらず，医学を学んだし，母親はあるときから家計の担い手となったようなとても強い女性であった。たぶん，このこともまた，若きメラニーに，彼女の好奇心に，そして彼女の学問や臨床の上での野心に，強い影響を及ぼしていた。

　同じ頃1900年に，彼女の兄も，結核と診断されたことで医学校に在籍することを断念している。彼は健康上の理由で地中海あたりを旅行することにし，詩を書いた。兄は，この悲しい冒険の途中，1901年にジェノアで亡くなった。メラニーは兄ととても親しくしていたし，彼のことを慕っていた。9歳で初めて詩を書いたとき，それを褒めてくれた人のひとりが，兄のエマニュエルだった。彼を亡くしたことは，彼女にとっても家族にとっても，非常に大きなことだった。それ以前にも，メラニーが4歳の時，姉のシドニーが同じく結核で亡くなっていた。

　メラニーの夫はブダペストで職を得た。そのため新婚夫婦はウィーンを離れることとなった。1904年と1907年には子どもが二人（メリッタとハンス）生まれた。それから1914年には三番目の子ども（エーリッヒ）が生まれた。晩年に彼女は人生をふり返り，アーサーとの結婚は，結婚前から疑問に感じていたし，やはり失敗だったと思うと述べている。メラニーとアーサーは1920年に別れている。明らかに，メラニー・クラインは自分の運命に満足していなかった。したがって，出産のたびに彼女が抑うつに苦しんだのは驚くことではなかった。それは産褥期うつと呼ばれるもので決して珍しいことではなかった。産褥期うつは，妊娠，出産，授乳のためにホルモンのバランスが変化することと関連づけて考えられる傾向がある。しかし，私たちが身体の働きに反応するだけでなく，人生の出来事にも反応するという点で，産褥期うつは環境とも関係しているようにみえる。メラニー・クラインの場合，環境の変化は，夫の仕事の都合でウィーンと家族から離れ，オーストリア＝ハンガリー帝国の別の地域に引っ越すことと関連していた。

　メラニーにとって，1914年は不幸せだったため，決定的な年となった。その年に，三番目の子どもが生まれ，母親が亡くなったのである（壊滅的な戦争[訳注2]が始まった年であったことは言うまでもない）。彼女は（そして，おそ

らく彼女の夫も），なんらかの心理的な援助を得ることを考え始めた。そういった心理的援助は，今日では容易に手に届くものとなっているが，その当時では困難なことであった。

まとめ

　メラニー・クラインは家庭生活に満足していなかったし，医者になろうという強い思いは，早い結婚によって挫折した。彼女のキャリアは自身の不幸とともに始まった。そして，その当時は，それ以前には男性が享受してきた専門職に就く機会を女性が要求し，それが与えられ始めた時期であった。医師になるという幼少時からの夢は，精神分析という可能性を見いだすことによって，彼女の中でふたたび目覚めることとなった。

　メラニー・クラインは自分自身の道を見つけ，自分自身の貢献をなそうという野心に満ちていた。それはどういうことだったのだろうか？

訳注 2 ）第一次世界大戦を指す。

第2章　クラインはどこから始めたのか？

メラニー・クラインは精神分析を発見した。それは，ちょうど新しい考え方や新たな発見がヨーロッパで行き渡りつつある時だった。中央ヨーロッパの真ん中で，あるエンジニアの普通の妻であり，そしてその頃には三人の子どもの母親であったクラインに，自分自身の心の現実を探究することがどうすれば可能であったのだろうか？

> **キーワード**
> - 精神分析家になること
> - 個人分析
> - 子どもの観察
> - 好奇心の制止
> - 子どもの分析のはじまり

　二十世紀のはじまりにおいて，クラインがその人生の中で専門的な貢献をするのには，どのような機会が存在したのだろう？

　何度か抑うつ状態になったにもかかわらず，探究心はクラインを本の世界へと導いた。おそらくある一軒の本屋で，1901年出版，ジークムント・フロイト著『夢について』という薄い本を彼女は見つけた。その本は，フロイトの初期の著書『夢解釈』を要約したものだった。『夢解釈』（Freud, 1900）は，私たちの夢の意味をどのように見つけ出したらいいのか記した，フロイトの緻密な発見の書であった。1914年から1915年には，クラインは三十代前半となっており，ハンガリーのブダペストに住んでいた（Grosskurth, 1986）。ウィーンで育ったにもかかわらず，彼女はフロイトの考えに出会ったことはなかった。しかしながら，この薄い本を見つけたとき，大きな啓示を受け取った。彼女はこう書いている。

> 　フロイトの本で私が初めて読んだのは，（『夢解釈』ではなくて）『夢について』という薄い本だった。その本を読んだとき，これだ，と思った。これが，私が目指しているものだとわかった。少なくともその当時，私は，知的にも情緒的にも自分を満足させるものを見つけ出そうと必死になっていた。
>
> 　　　　　　　　　　　（Wellcome Library Archives にある未公刊の手記[原注1]）

　彼女の中で，新たに駆り立てられる気持ちが起こった。それは，何よりもまず自分自身の治療を受けることであったが，また医者として訓練を受けるという，かつて抱いた野心にも火が着いた。最初の一歩は，自分にうつ病の症状があることから，まずは精神分析家のもとを訪れることを考えることであった。

　たまたまではあるものの，彼女の要領の良さも手伝って，ブダペストにいるフロイトの有力な弟子の一人であるフェレンツィになんとか会うことができた。夫のオフィスにフェレンツィという同僚がいて，その人がシャンドール・フェレンツィのいとこだったようだ。メラニー・クラインと精神分析とのつながりは，こうしてできあがった可能性がある。クラインはフェレンツィに分析を受け始め，それは第一次世界大戦の間，何度かフェレンツィが軍に召集され中断されることはあったが，継続した。

　いまや，クラインの人生には二つの大きな要素が流れ込んだ。ひとつめの要素は，フェレンツィが彼女の才能や資質，それに好奇心に気づき，励ましたことである。ふたつめの要素は，抑うつの原因について，精神分析理論の中で大きな進展があったことである。

　第一の要素について言えば，フェレンツィはクラインの能力を見込んでいたので，クラインに子どもの発達について関心を持つように励ました。戦争が終局に向かう1918年，クラインの子どもたちはそれぞれ14歳，11歳，4歳であった。彼女はただの母親ではなく，子どもたちの発達について本格的に知りたいという思いを持った母親であった。第二の要素は，フロイト自身の出版物からもたらされたものであった。事実，クラインはフロイトが10年前に出版した「ハンス坊や」と呼ばれる4歳半の男の子についての極めて重要な精神分析的な生育史に，とりわけ関心をもったと思われる。

　早い時期から，フロイトは精神病理の治療法から，発達理論を練り上げていくことに力を注いでいた。フロイトは，人はいくつかの段階を経過するという考えを信じており，その段階を口唇期，肛門期，そして性器期（この最後の段階は，彼がエディプス・コンプレックスとよぶものに特徴づけられる）と呼んだ。しかしながら，当時，フロイトや他の精神分析家たちは，分析を成人患者に対してしか行っていなかった。つまり，自分の症状の治療を求めて精神分析を選んだ人たちに対してしか分析を行っていなかったのである。これらの成人の精神分析を基に，フロイトは乳幼児期，児童期の発達心理学をつくり出して

いた。しかし，医学者として十分な訓練を積んだフロイトは，彼の児童期に関する理論の妥当性を，成人から再構成されたものにだけ頼るのではなく，実際の子どもの心的生活の探索によって得る必要を感じていた。

　1920年代前半より以前には，子どもには症状があるという自覚も，治してもらいたいという考えもあまりないだろうという理由から，子どもを分析した人はいなかった。こうしたわけで，1905年頃フロイトは，子どもの分析の代わりに，同僚に彼らが知っている幼い子どもの観察をすることを求めた。フロイトのハンス坊やの「症例」は，結果として1909年に出版された。それは，ハンスの父親である音楽家マックス・グラーフによる彼の息子（ハーバート・グラーフ）の観察に基づいていた。このようにして，フロイトは，臨床研究とは違った方法で，ひとりの子どもの発達を評価することができた。父親は，ハンスと定期的に話し合い，ハンスが父親の問いに答えて話したことをノートに書き付け，それをフロイトに送った。フロイトは，ハンスの父親の観察と質問とによって，子どもの発達についての彼の理論に確証を得ることができることを見出した。

　ハンスの父親とともに行ったフロイトの症例研究（Freud, 1909）に続いて，自分の子どもの観察をおこなった分析家が他にもいた。フェレンツィが，メラニー・クラインを励まし，彼女の観察眼を高く評価していたとき，フロイトのこの論文に注意を向けさせたのは疑いがない。メラニー・クラインが子どもの心の発達に関心を抱くだけでなく，自分自身の子どもの発達に関心を持つようになったことは，非常にあり得ることである。

　1917年，1918年までには，クラインは，人間の発達に関するフロイトの理論を確証しようとする精神分析研究者集団に参入していた。1919年に，フェレンツィはクラインに，ハンガリー精神分析協会に入って，正式に精神分析家になるように出願するよう勧めた。出願すると，クラインはその協会の会員に対して論文を発表する必要があり，実際に彼女は論文を発表した。クラインの論文の内容は，子どもの好奇心が家庭や学校で発達する様子を記述したものだった。とくに，彼女は，好奇心が円滑には発達しないことに言及した。子どもはしばしば，赤ちゃんがどこから来るかに頭を悩ませる。さらに子どもは，生活の調和を乱す厄介な妨げや謎に悩まされる。現代の母親のように，クラインは，自分の子どもに事実に基づいた返答をするべきであると考えていた。しかし，子どもたちは，まるでその答えに納得いかないかのように，質問を続けることが

ある。それは，事実を聴く子どもの能力を妨げる物があるかのようである。ク
ラインはこれをエディプス・コンプレックスの影響として，精神分析的に説明
することができた。

　　強く刺激されて，熱心に質問する様子が見られ，その熱心さは，部分的に新しい
　　ことを知ったあとに起こるのであるが，のちには黙り込んだり表層的になったりし
　　てしまう。この質問への熱心さと，その後に続く質問への嫌気，話を聞くことにさ
　　え気がすすまなくなることを比較したとき，子どもの非常に力強い探究への衝動は，
　　同じくらい力強い抑圧傾向と葛藤状態になっていたと私は確信した。

(Klein, 1921, p. 29)

　クラインは，読む努力が，抑圧され昇華された性的空想に満ちている様子を
例に挙げている。たとえば，

　　幼いフリッツが字を書くのにあたり，行線は道路を意味し，文字はその道路上で
　　オートバイ（ペン）に乗ることを意味していた。たとえば「i」と「e」はオートバ
　　イに同乗し，いつもは「i」が運転している。それに「i」と「e」は現実の世界では
　　まず見られないような優しさで互いを大事にしている。ずっと一緒に乗っているの
　　で，それらは似てきて，違いがほとんどなくなっている[訳注3]。「i」と「e」の書き
　　始めと終わりは同じで，途中で「i」にはちっちゃな点が付き，「e」には小さな穴
　　がある。

彼女は続ける。

　　「i」たちは器用で，秀でていて，賢い。それに尖った武器を持っている。いくつ
　　かの洞窟に住んでいるが，それらの間には山々や庭や入り江がある。

(Klein, 1923, p. 64)

　クラインがコメントするように，「それらはペニスを表象しており，その通
り道は，性交を表象しているのである」(p. 64)。
　メラニー・クラインは二つの目的を持って始めた。ひとつは，自分自身の症
状に対して援助を求めることであり，もうひとつは，ひとりの母親として豊富

訳注3）筆記体を指すと思われる。

な経験がある子どもの発達について研究することである。1920年前には，精神分析家になる女性はほとんどいなかった。それに，そのうちの多くが母親というわけではなかった。クラインは，子どもも大人と同じように，エディプス・コンプレックスにおける葛藤と制止の影響を受けるということを立証した。

┌─ **まとめ** ─────────────────────

クラインの精神分析家への最初の一歩は，当時の精神分析の視点から子どもを観察することだった。彼女の観察は，フロイトが大人との臨床作業から導き出した子どもの発達に関する発見の数々を，部分的に立証した。クラインは，精神分析家になったというだけでなく，早速，自分の専門性の発展を支えるような貢献をスタートさせていた。

└──────────────────────────

　それでは，どのような論争に，メラニー・クラインの発見はつながったのだろう？

原注

1) これは，ロンドンのウェルカム図書館のアーカイブスで見つかった彼女の自伝の未発表テキストからの引用である。現在，メラニー・クライン・トラストのウェブサイトにて公開されている。
www.melanie-kleintrust.org.uk/domains/melanie-klein-trust.org.uk/local/media/downloads/_MK_full_autobiography. pdf

第3章　精神分析の基礎を確立する

　クラインが精神分析家になった1919年には，フロイトは最初の三つの基礎理論^{訳注4）}に基づいて探究を進めていた。しかしながら，そのころには異論も増えていた。フロイトの早くからの同僚の面々が，フロイトとは違った着想を展開し始めていた。その中には，ア

キーワード
- クラインへの初期の影響
- 狼男
- 子どもの発達

ルフレッド・アドラー，カール・ユングらがいた。フロイトは，精神分析とは実際どのようなものなのか，明確にして導いていく必要性を感じた。精神分析は心的現実への関心と無意識，そして象徴化によって成り立っているということを多くの人が受け入れていた一方で，離反していった人たちは，無意識の内容と心的現実の内容とに異議を唱えた。それらの内容の象徴について，彼らは異なる解釈をした。アドラーは，核心的な問題は劣等感とその反動としての権力への没入だと考えた。ユングはよりフロイトに近く，核心は本能的なことであるとは受け入れたが，フロイトが性の本能を強調（ユングは強調しすぎと考えた）することに異議を唱えた。それに対してフロイトは，精神分析の独自性はまさにリビドーにあり，それがエディプス・コンプレックスをめぐり葛藤を形成することにある，とした。

　クラインの初期の観察は，この論争に何らかの影響を与えたのであろうか？

　フロイトの夢の理論は，私たちの心には，自分自身や自分の生やそのほかいろいろなことについて，その考えを意識することなく考えている無意識の領域があるという証拠をかなり明確に示した。そして，私たちがそういった考えを意識せず，それを無意識の領域に保持している理由は，もしその考えを意識の上で知ると，非常に痛みを感じるだろうからである。フロイトの精神分析にとって，エディプス・コンプレックスは唯一無二の中心的な考えとなっていた。

訳注4）フロイトのメタ心理学，すなわち局所論，力動論，経済論を指すと思われる。

そしてそれは，心の痛みの源泉，ときには圧倒するような心の痛みの源泉となっていた。

　では，子どもは，圧倒するほどの痛みに満ちた考えを持つことができるのだろうか？　フロイトは，1890年代を通してその問いと格闘し，持つことができるというのがその答えであると結論づけた。また，問題となっている考えは，考えと感情の混合したコンプレックスを形成する，との結論に至った。そのコンプレックスというのは，古代ギリシャのエディプスの物語に類似している。その物語を手短に言うと，養父母のもとでそれとは知らずに育ったエディプスは，預言／呪いの一部にあるように実父を殺害し，実母と結婚し子どもをもうけたというものである。フロイトは，この考えは不快なために意識的には知りえないが，子どもの心のなかにある，親についての中核的な考えである，と考えた。

　この考えは精神分析の中心となり，強力な理論が形成されていった。幼い男子は早い年齢から，母親へのおよそ受け入れがたい欲望を持ち，その帰結として，自分の欲望の妨げにならないよう父親を殺すことを願う。フロイトが考えたこれらのことはすべて，子どもにとっては圧倒されるほど耐えがたいので，その考えや願望を，無意識の心へと追放（あるいは抑圧）しなければならない。ここで暗に示されているのは，子どもは，思春期や青年期以前の早い年齢から，性愛に関して何らかの気づきを持っているという見解である。この空想的な考えは無垢な子どもという標準的な見方に真っ向から対立するので，フロイトは，医学界の同僚から非難され続けてきた。フロイトにとっては，子どもは，心や行動の表面には現れてはいないものの，性愛や殺害，そして罪悪感に満ちた存在であった。それが，フロイトが同僚に子どもの観察例を提供してくれるように欲した理由のひとつであった。大人の分析から推論されるとおり，こうした観察が，性愛，殺害，罪悪感などの感情や空想に満ちたこの無意識の地下世界のより直接的な証拠を与えてくれるかどうかを確かめるのに，子どもの観察例が必要だったのである。

　24歳のある男性がフロイトに精神分析治療を求めてやって来た（Freud, 1918）とき，フロイトは偶然にも，幼少期の発達というこの遠い領域への第二の接近路を持つことになった。この男性は，自分を悩ませる狼の夢についてフロイトに語った。しかし，フロイトの興味を惹いたのは，その男性が4歳の子どもの頃に見た夢を覚えていたことだった。この幼少期の夢を分析すれば，そ

れはフロイトが実際に子どもの心的現実を分析していることになると考えたのだ。

> 　この男性は，狼の夢を報告したことから，いまでは「狼男」として知られるようになっている。彼のトラウマは，思い出された夢よりいくらか前のもので，生後18カ月のころに受けたものだった。そのトラウマとはどのようなものだろうか？　明白な虐待はなかったが，家族の休暇中のある日に，この男性は両親の性交を非常に幼い年齢で目撃した。フロイトは，そのトラウマの結果が，4歳児の恐ろしい夢であり，その男性が20代に苦しんだ症状であり，そのために彼は精神分析治療を求めることになったのだろう，と推論した。フロイトは，18カ月から24歳までの発達は連続しており，トラウマのショックのため，正確な記憶が無意識となったのだろうと考えた。

　フロイトはこのケースを，彼が「幼児性愛」と呼ぶものの証拠として提示した。両親の性愛は18カ月の子どもにとっては重大な意味を持つ。なぜなら子どもは中立的ではないからである。フロイトは，**幼児の中で進行する**特定の心的プロセスがあり，それが偶発事をトラウマにしてしまう特別な意義をもたらしているのだ，と推論した。

　フロイトは，幼い年齢にあって物事にこのような性的な意味を付与することは，すべての子どもたちの発達の中であまねく見られる段階であると考えた。ところで，フロイトがこのケースの記録を出版したのはいつだったのだろう？　そう，出版年は1918年である。それはクラインが精神分析家になろうと励んでいたのと同じ年であった。性交にこのように巻き込まれること，つまりフロイトが原光景と呼んだものは，クラインが自分の子どもたちと彼らの好奇心を観察しているとき，そしてその好奇心が妨げられる問題を観察しているときに，彼女の念頭にあったにちがいなかった。

　医学的な訓練を受けた生物学者であったフロイトは，乳幼児の性愛は，人類の進化の中で痕跡として持ち越されてきたものだと推論した。おそらく容量の増した脳の新しい機能が最大限に生かされるように，子どもの発達の期間はとりわけ長くなった。人類において脳が発達するにつれて，情動や官能的欲望の側面が取り残されてきたように思われた。霊長類のより古い種に見られるように，人類においても性愛は2，3歳ころに発達する。しかし，子どもが10歳か

ら12歳なるまでの非常に長い期間, 性愛が潜伏したままに時が過ぎる。このことによって, おおよそ2歳から12歳の間に緊張が生み出された。性愛が成熟して満足を得るまでに, 10年という長い待ち時間を待たねばならないのである。フロイトは, この緊張と欲求不満とが子どもたちの心の中に想像の産物をつくり上げ, その想像の物語がエディプスの物語という形をとると考えた。クライン自身の理論は, このような考えを反映していた。彼女の観察は, フロイトやほかの人たちの観察や証拠を補完していたのだが, 影響を受けるのは情動の発達だけでなく, 子どもの認知生活も掻き乱され制止される, という観察であった。そのため, 精神分析の本質に関するこの論争へのクラインの貢献は, エディプス・コンプレックスにおける葛藤が子どもの情動の発達だけでなく, 知性の発達をも阻害する, ということを示したことであった。

まとめ

　クラインは, 第一次世界大戦後の新しいアイデアを求める熱狂のさなかに, 仕事を開始した。それは, フロイトがヨーロッパや北米の専門家や知識人の世界から真剣に取り上げられ始めた時期でもあった。再び着火した彼女の若き頃の野心は, 子どもの心の発達についての当時の論争に, オリジナルな貢献をするように彼女を駆り立てた。

　逆の方向についてはどのようなことが起こっていたのだろうか。つまり, こういった精神分析の論争のクラインへの影響はどのようなものだったのだろうか?

第4章　心的現実とは何だろうか？

第2章でも注目したようにフェレンツィの
励ましは，クラインが精神分析家としての職
業生活に入っていくのにあたり，第一の要因
となった。しかし，彼女にとっての第二の要
因は，抑うつへの関心が精神分析の中で発
展してきたことにあった。フロイトと同僚たち

キーワード

- 心的現実
- 喪と喪失
- 「対象」の内在化

は，精神分析的な理解の射程を広げようと野心的に取り組んでいた。彼らはあ
らゆる方向に目を向けていたが，それらのうちのひとつが，クラインの個人的
な苦しみにもなっていた，抑うつであった。

　クラインの思考にとって精神分析は重要なものとなっていたが，彼女はそこか
ら何を吸収したのだろうか？

　クラインが心理学へ関心を持ち始めた1917年に出版されたフロイトのもう一
つの論文も，彼女にかなりの影響を与えた。その論文とは「喪とメランコリ
ー」（Freud, 1917）であった。この論文にクラインが特別に引きつけられ，読
んで研究しようとしたのは，彼女自身のためだったというのは突飛な考えでは
ないだろう。

　この論文でフロイトが提出した着想は，喪と抑うつは両方とも愛する人の喪
失への反応であるが，二つの異なる反応を表しているというものだった。遺さ
れた人たちは喪のプロセスにおいて強く哀しむが，そこからなんとかゆっくり
と抜け出していく。一方，抑うつの場合，哀しみは，より永続する状態のまま
据え置かれてしまう。そして，辛苦と非難の色調を帯び，とりわけ自分自身へ
の非難の色調を帯びる。すなわち，抑うつは通常の喪のプロセスからは逸脱し
ているのである。

　フロイトが問うたのは，この二つの反応の違いを生み出しているのは何かと
いうことだった。そしてフロイトは，抑うつになる人は，怒りの感情により強

く支配されており，それも愛する人物への怒りにより強く支配されている，と結論づけた。それは，フロイトが「アンビヴァレンス」と呼んだ状態であり，愛と憎しみが両刃となっていて，相反する感情が和解できない時の状態である。それから，愛する（が憎む）人物が喪われたとき，その怒りは自分自身に向け変えられる。そして，抑うつに典型的な，自分には価値がないという奇妙な自己批判へと続いていくのである。

　したがって，喪と抑うつとでは，そのプロセスが非常に異なっている。私たちが，喪った人を悼むとき，その人への関心を少しずつ放棄していく。私たちはすべての記憶を辿る。たとえば配偶者なら，相手の服をすべてひとつひとつ思い起こしたり，あるいは，かつてのラブレターをすべてもう一度読み返したりする。対照的に，抑うつになる人は非常に異なるプロセス，それも無意識のプロセスを経る。それは，あたかも彼らは，愛する人が死んで（あるいは去って）いるのに，その愛する人は喪われてはいない，と信じ始めるかのようなものである。かわりに，愛する人は**抑うつになった人の内部に**内在化され，生き続ける！　それは，現実の死は起こらなかったというふりをしようとする半ば狂った考えである。愛する人たちが生き続けていることを信じるために，抑うつになる人は，そうして喪われた人そのものに**なる**のである。それは，「同一化」と呼ばれるプロセスである。喪われた人そのものになることによって，その人たちに向けて感じていた（愛情と並行してある）攻撃性や恨みが，自己に向けられるようになる。亡くなった愛する人に対して遺族が，自分を置き去りにし，見捨てたのだ，と怒りや裏切りを感じている情況を考えてみよう。そして，無意識のプロセスにおいて，こういった感情のすべてが自分自身に向けられ，未解決のまま残ることを想像してみよう。このように，抑うつは，自己への容赦ない非難や憎悪によって構成される。それ以前には，愛する人物への憎悪であったのが，内側に向きを変えたとき，自殺に至るくらいにその人を駆り立てることもある。

　フロイトが記述したこの複雑なプロセスは，しばしば読み手には疑わしく，突飛と思われるほど入り組んでいるようにみえる。しかし，おそらくクラインは，自分自身の抑うつを理解する必要があったので，心の内側にいる対象という着想に取り組むべく全力を注いだ。数年のうちに，フロイトは，この内在化というプロセスは実際にはごく一般的に見られることに気づき，自分の立場を変えた。すなわち，「自我の性格は，放棄された対象備給の沈殿物であり，

そこには対象選択の歴史が含まれている」と提起したのである (Freud, 1923, p. 29)。これは革新的な提案であり，内的世界が，外部から取り込んだ対象によって構成されていると指摘するものだった。「備給」という言葉で，フロイトは関心と愛情の的となっている状態を表した。にもかかわらず，フロイトはこの着想を自身では追求しなかった。

　クラインが強く影響されたのは，自分自身の観察だけでなく，ここまでの 2 章で述べてきた，狼男のケースと「喪とメランコリー」に記述された要素の衝撃であった。彼女がキャリアを歩み始め，新しい発見を始めた1919年には，中核的な着想として，さらに 3 つの基本的な要素が浮かび上がってきた。その 3 つの中核的な着想とは以下のようなものである。

1. トラウマになるほどの困難を生じる原因となる子どもの性的な好奇心
2. 少なくともひとつの種類の症状あるいは状態の源に，攻撃性の過剰があり，それは同一人物に対して同時に感じている愛よりも勝っているように思われること
3. ある条件のもとでは，人は，他者（「対象」という術語で表現される）が心の内側に内在化され，その結果，あたかもその他者がそこで暮らしているかのように想像する，という着想

　最後にこれから述べる影響は，クラインが抑うつに抗して格闘する際に，かなり違った役割を果たした。第一次世界大戦後，オーストリア＝ハンガリー帝国は分裂し，ハンガリーは独立したものの不安定な状態になっていた。少しの間，共産党が政権を握ったが，すぐに本格的な反ユダヤ主義に転じた。そしてクラインと夫は国を離れた。夫のアルフレッド・クラインはスウェーデンで職を得たが，この時点でクラインは夫にはついていかないことを決意した。そのかわり，彼女は1921年にベルリンに行った。なぜベルリンなのか？　ベルリンには，最も才能があり，フロイトに一番近い支援者のうちの一人が住んでおり，そこで仕事をしていた。それはカール・アブラハムという男性であり，躁うつ病患者の精神分析的な治療における権威であった。彼はフロイトと議論を通して協働し，アイデアを交換しあっていた。そこからフロイトの論文「喪とメランコリー」が生まれたのである。クラインには，この抑うつの権威のもとに学びに行くことは賢明なことに思われた。

　これらすべてが，アカデミックな世界や大学，それに専門職の世界への道を断念させられたことに対する自身の欲求不満を利用する方向にクラインが向かうことができたことを表している。しかし，欲求不満や攻撃性の圧倒するような問題だけでなく，子どもにおける知的な好奇心とその発達を研究することは，今や，彼女自身の問題である抑うつに関するカール・アブラハムの着想と結びつくことができた。実際，彼女は1924年の初頭から，アブラハムとの精神分析を開始した。

まとめ

　治療目的だったフェレンツィとの分析は，精神分析という職業生活へと変化した。1917年から1918年当時，クラインの思考を形作るいくつかの鍵となる影響が存在した。とりわけハンス坊やのケースと狼男のケースであったが，「喪とメランコリー」もまた，クライン自身が抑うつを患っていたため，非常に重要なものだったにちがいない。この章では，フロイトのこれらの仕事がクラインの始まりにおいて持った重要性について振り返った。

　内在化（「摂取」とも呼ばれる）という着想は，どのようにクラインの展開の一部となったのだろうか？

第5章　子どもの内面への洞察とは？

これまで見てきたように，クラインは確か
に野心的であった。自分自身の抑うつという
問題を解決するために静かな生活を送るとい
うのは，彼女には当てはまらなかったのは確
かである。1921年にベルリンに移住したこ
とで，彼女は気がつけば才能溢れる精神分

キーワード

■ ベルリンにおける精神分析
■ 子どもの分析の発展
■ 遊戯技法 （プレイ・テクニック）

析家たちのグループの一員となっていた。グループには，フランツ・アレキサ
ンダー，ハンス・ザックス，カレン・ホーナイなどがいた。子どもとの経験と，
子どもは実際に見える形で苦痛なコンプレックスの影響を受けているという発見
があったので，子どもが精神分析によっていかに治療的に援助されうるのかを
じっくりと考えることが重要であるということは，当時クラインにとっては，お
そらく自明のことだったにちがいない。

　子どもの分析の方法を発展させていった時のクラインの考えは，どのようなも
のだったのだろうか？

　1924年までに，クラインは子どもの分析に関する数多くの論文をベルリンと
ウィーンで発表した。それらは論争を引き起こすものだった。その論争につい
ては，アリックス・ストレイチーが夫のジェイムズ・ストレイチーに宛てた手
紙から，いくらかを知ることができる。アリックスは，当時アブラハムに分析
を受けるためにベルリンにいた（Strachey & Strachey, 1986）。次に示すのは，
1924年12月14日（日曜日）付のアリックスから夫への報告である。

　昨晩の会合が，いかにエキサイティングなものだったのかを伝えようと思います。
あのクラインが子どもの分析について，自分の見解と経験とを提示しました。そし
て最終的には，彼女の敵対者たちは自分たちの頭の固さをあらわにすることにな

りました。本当に，頭が固すぎる。あのクラインが非常にはっきりと，（2歳9カ月以上の）子どもたちがすでに，自分の欲望の抑圧やもっとも恐ろしい**罪の意識**（＝超自我による強すぎる不当な圧迫）によって打ちひしがれているのを示したのに，この有様です。敵対しているのはアレキサンダー博士やラド博士たちで，きわめて感情的で「理論的」でした。そもそも，かのメラニーとショット嬢という女性以外は，この主題について全く分かっていないのは明らかです。ショット嬢は，控え目すぎて話せませんでしたが，クラインには同意しています。クラインは，アレキサンダーからのほかの異議も棄却しました。それは，子どもに症状の意味を解釈することは，（a）子どもには理解できないだろうし，（b）恐怖で卒倒してしまうだろうから，無意味で有害なことであるというものでした。クラインが正確に報告しているのならば，彼女のケースはわたしには非常に説得力があるように思われます。彼女は，論文を発表しにウィーンに行く予定です。バーンフェルドやアイヒホルンといった救いようのない教育者たちに反対されることが予想されます。私が恐れるのは，アンナ・フロイトです。彼女は，表も裏もセンチメンタリストですから（Strachey& Strachey, 1986, pp. 145-146）。

　アリックスがクラインの支援者であるのはよくみてとれる。実際，彼女はクラインがロンドンに移住するのに一役買った人物であった。

　とはいえ，治療的な状況を設定することに，クラインはどのように取り組んだのだろうか？　たしかに，子どもは言葉を使うことは使うが，多くのことに関してはそれを表す言葉を知らない。どうしたらその限界を乗り越えることができるのだろうか？　クラインの中で閃いた答えは，大人にとって言語的コミュニケーションが自然な媒体だとするなら，遊ぶことが，子どもが頼れる媒体であるというものだった。そこからの帰結として，クラインは子どもの患者に小さなおもちゃのセットを提供した。大人は，考えの流れ，すなわち（その当時は，意識の流れとして知られていた）「自由連想」を生み出すために，頭に浮かんだことを話すように求められるが，子どもには同様に自由な遊びの機会が与えられる。遊びの自発性が重要である。子どもの遊びにおける物語やプロットはどこから来るのだろうか，と彼女は自問した。それらは子どもたちが生活する中で行っていることや，他の人がしているのを見たことに由来する。これらの一部は，意識された記憶や知覚を単に繰り返しているだけでなく，無意識によって色づけられていると彼女は考えた。

　子どもが遊びをすることには，無意識に強く影響された要素があることをクラインは立証した。つまり，子どもの遊びは，対処不能で，意識から排除され，無意識に追いやられた事柄の影響を受けているのである。無意識から，そういった事柄が，（夢において偽装された形で現れることがあるのと同じように）象徴的な（あるいは偽装された）形をとって，遊びの中での活動や関係や葛藤として現れる。

　しかし，子どもはいつでもこのようにして遊ぶわけではない。なにかに阻止されたようになり，遊びが何らかの理由で制止されていることもある。当時，大人相手の精神分析家は「抵抗」という現象について論じていた。それは，特にストレスと感じる無意識の経験や葛藤や不安に近づいてきたように見えるとき自由連想が停止することであり，頭に浮かんでくることをなんでも話すという要請に抵抗していると考えられた。こういった現象に出会ったとき，精神分析家は，被分析者の心の表面近くにこういった対処不能な考えの一つが浮かび上がり，それを遠ざけておく唯一の手段は心をすっかり制止しておくことであり，無意識はそのようにして自由に連想することを止めていると考えるのである。クラインは，遊びにおける制止は非常に似た過程であり，耐え難いことが飛び出してきて意識的な心へと入りこんでくることを恐れ，無意識的に，自由に遊ぶことを止めると考えた。

　そこでクラインのやり方は，子どもを遊ばせ，子どもの遊びがいつ阻止されるかに注目するというものだった。その状態は不安を感じた瞬間を示しており，そして不安は，なにかに阻止される瞬間のちょうど前に表現され始めた葛藤と結びついていた。

　たとえば，クラインの初期のケースの一つを見てみよう。次に引用するのは，ピーターという3歳8カ月の少年に関するクラインの報告である。

　初回のまさに始めに，ピーターはおもちゃの荷車と車をいくつか持ってきて，それらをまず縦並びに，それから横並びに並べ，その並べ方を交互に何度か繰り返した。彼はまた，おもちゃの馬と馬車を持ってきて，それを別の馬と馬車にぶつけた。そうすると，馬の足がコツコツとぶつかり合った。それから「僕には，フリッツっていう弟ができたんだ」とピーターは言った。私は彼に，その荷車は何をしているのか尋ねた。ピーターは「よくないことだよ」と答え，荷車をぶつけ合うのをすぐ

にやめた（Klein, 1932, p. 41）。

　分析家がピーターのしていることに気づくと，まるで彼もまたそのことによって，そしてそれに気づかれたことに動揺したかのように，即座にその遊びをやめたのである。

　　（しかし彼は）すぐにその遊びを再開した。2頭の馬を同じようにコツコツとぶつけ合った。それに対して私は「ほら，馬はぶつかり合っている二人の人だね」と言った。はじめに彼は「ちがうよ。よくないことだ」と言った。

　同じ制止が起こる。

　　しかしそのあと「そうだよ。これは二人の人がぶつかり合っているんだ」と言い，「この馬たちもぶつかり合っていたんだ。今は眠りにつくところだよ」と言った。それから彼は，積み木で馬を覆って言った。「もうすっかりみんな死んでしまった。だから埋めたんだ。」

　制止の後に遊びが進展した様子から，多くの怒りと破壊性，それに殺意までもがそのぶつかり合う二人の人に向けられていたように見える。クラインは，ピーターの攻撃的な反応にゆっくりと近づいていく解釈をした。両親の性交を目撃した狼男のトラウマのことが，クラインの頭にはあったのかもしれない。初めに明らかになったのが攻撃性だが，そこでピーターの弟の誕生が思い浮かんでいたとしても，クラインは直ちに性交に言及したりはしなかった。これらの攻撃性についての解釈のあと，ピーターの遊びは反復が減り，あたかもより自由になったかのようであった。クラインは次のように説明する。

　　2回目には，ピーターはすぐに前の回にしたのと同じ二通りの配置で，つまり縦列と横列で車と荷車を並べた。同時に，彼は再び2台の馬車をコツコツとぶつけ合い，そのあと，2台の機関車をぶつけ合った。次に，ブランコを2つ横並びに置き，

中でぶら下がって揺れている部分を私に見せて言った。「見て，ぶら下がって，ぶつかっているよ」と。そこで私は解釈を始めた。「ぶら下がった」ブランコ，機関車，馬車，それに馬を指差して，「どれも，自分の『あそこ』（性器を指すピーターの言葉）をぶつけ合っている二人の人，あなたのお父さんとお母さん，だね」と述べた。彼は「ちがう，それはよくないことだ」と言って受けつけなかった。しかし，彼は馬車をぶつけ続けて，「これは，両親があそこをぶつけ合っている様子だ」と言った。そのあとすぐ，彼は弟について再び話した。これまで見てきたように，初回にも，2つの馬車や馬をぶつけ合ったあと，彼は自分に弟ができたことを話した。そこで，私は解釈を続けて言った。「あなたは，お父さんとお母さんが自分たちのあそこをぶつけ合って，それで弟のフリッツが生まれたと思ったのね」と。すると彼は，小さな別の荷車を手にとって，3つを一緒にぶつけ合った。私は「それはあなたのあそこなのね。あなたは，お父さんとお母さんのあそこに，自分のあそこもぶつけたかったのね。」と説明した。それを受けて，彼は4つ目の荷車をそこに加えて「これはフリッツだ」と言った。次に彼はもっと小さな荷車を2つ手に取り，機関車の上に置いた。彼は，馬車と馬の1組を指差して「これはお父さん」と言い，別の1組を指差して「これがお母さん」と言った。彼はもう一度始めの馬車と馬を指して「これは僕だ」と言い，もう一つの馬車と馬を指して「これも僕だ」と言った。このようにして，性交中の両親と彼が同一化していることを示してみせた。このあと，彼はくりかえし2つの小さな荷車をぶつけ合った。そして，彼と小さな弟が，2羽のひよこをベッドルームに入れておとなしくさせようとしたが，ひよこたちはあたりをコツコツと突っつき，そこに唾を吐いたことを私に伝えた。彼はつけ加えて，彼とフリッツは行儀の悪い卑しい子ではないし，唾も吐かない，と言った。私が，ひよこたちは互いにぶつけ合って唾を吐きかけている彼とフリッツのあそこなのだ，つまり，彼らはマスターベーションをしていると伝えると，彼は少し抵抗を示したものの，私の伝えたことに同意した。

　ここではほんの手短にしか述べることはできないが，連続した解釈に影響を受けて，遊びのなかで表明された子どもの空想がより一層自由になっていくのである（Klein, 1932, pp. 41-42）。

　最終的にクラインは，激しい怒りは両親の性交によって喚起された，という結論に至った。ここで，こうした結論が妥当であるという極めて重要な根拠は，遊びがより一層自由になったことであった。そしてクラインはその根拠をもって，遊びを無意識の知識と空想のレベルまでみていくことが必要であることを

強調した。彼女は，もしこのように解釈するならば，目覚ましい反応，つまり制止された遊びがより自由になる，と主張した。そういった変化から，クラインは次のように推論する。すなわち，自分が対処できないことのいくらかをセラピストは理解してくれると子どもが一旦感じれば，無意識の経験から来る不安にもっと対処できるようになるはずだ，と。

　クラインの解釈は，ここでは完全に正統派の解釈であった。つまり，子どもにおけるエディプス的な反応について解釈するというものだった。しかしながら，注目すべき重要な面がいくらかある。第一に，クラインが，子どもの分析を，成人の精神分析とまさに同じものとして捉えていたことである。全く同一ではないにしろ，同等のものとして捉えていた。子どもの分析の構成要素は，自由な遊び，制止，それにエディプス・コンプレックスの解釈である。それは，成人の精神分析の場合の自由連想，抵抗，そしてエディプス・コンプレックスの解釈に相応する。クラインは完全に正統派なのである。しかし，次に注目すべき側面は，クラインは，注意深くプロセスを追い，それがとても細やかだったので，不安についての彼女の視点に関して，彼女のやり方が実際に有効であることを示すことができたことである。そのため，その主張は，現代的な妥当性検証概念を用いると，根拠に基づいたものだった。ここでの根拠は，遊びに与える影響，つまり，遊びが自由になることである。それも，子どもがよりリラックスし，自分のことを聞いてもらっていると感じているかのように，そしてそれにも増して，あたかも子どもの**無意識**が相手の耳に届いたかのようにして，遊びが自由になることである。

まとめ

　クラインは，精神分析における重要な仕事のひとつへと向かう道で大きな一歩を踏み出した。それは，子どもを治療的に分析する臨床アプローチを発展させたことだった。彼女が行うことができた子どもの分析は，大人に適用される方法に近いものだった。クラインの遊戯技法は，子どもたちと治療的に作業するのに有効であると証明された。また，心の発達の詳細をさらに見出していくのに有効であると証明された。

　子どものための遊戯技法によってクラインがその初期に発見したことは，どのようなことだったのだろう？

第6章　本当に新たな発見なのか？

新しい観察道具は，必然的に新たな発見に
つながる。たとえば，ガリレオは，新たなや
りかたで望遠鏡を使ったことで，木星の衛星
を発見した。精神分析が熱気を帯びていた
時期に，クラインは，フロイトたちが見つけ
た現象を，自分が新たに記述していくことへ
と後押しされていることに気づいた。

クラインは自分がなにを発見したと考えた
のだろう？

キーワード

- 早期エディプス・コンプレッ
  クス
- 超自我
- 子どもの分析における解釈
- 精神分析の中での異論

　子どもの精神分析がこのように発展していく中で，メラニー・クラインにと
って，論議の的となるような問題が生み出されていった。クラインは，フロイ
トの理論のいくつかを修正することになるかもしれない証拠があることに気づ
いていった。なかでも，超自我の発達について，フロイトが見積もったよりも
早期に形成されると彼女は考えた。同様に，エディプス・コンプレックスもよ
り早い段階で凝集し始める。そこで問題となるのは，これらの修正は些細なも
のにみえても，当時の文脈の中では異論の兆候とされうることだった。という
のも，十数年にわたり，フロイトは同僚たちとの意見の相違と格闘していたか
らである。その中には，第一次世界大戦前にはカール・ユングやアルフレッ
ド・アドラー，1920年代にはオットー・ランクなど，非常に才能豊かな人がい
た。最終的にフロイトは，彼らを正統な精神分析運動の公式メンバーから除名
している。したがって，異論を述べることはきわめて繊細な問題であった。こ
の分野の発展に寄与したいと思う分析家は，フロイトの確立した理論やモデル
に反駁しているように見られないよう気をつけなければならなかった。

　1926年に，離反の告発が新たに噴出しそうになっていた。その年，アンナ・
フロイトが子どもの分析について，彼女自身の考えを展開した。実践上の観点

から, アンナ・フロイトは, 子どもの分析は, クラインが提唱しているような
大人の精神分析の方針に従うということはできない, と断固として譲らなかっ
た。そもそもの前提として, 幼い子どもは無意識の性質を理解したり, それを
顕にする解釈を理解したりすることができない, とアンナ・フロイトは言った。
さらに, 大人の精神分析の中心的な局面は, 早期の一次的な対象, つまり母親
と父親との関係の転移であるが, 子どもにはまだこれらの人物が生活の中心で
あるため, 分析家への転移を形成することができない, と主張した。

　それに加え, アンナ・フロイトは, 本書で先に触れたように, クラインは,
エディプス・コンプレックス理論や超自我理論を修正していると酷評した。こ
の頃（1925年のアブラハムの死の後）, クラインはロンドンに移住していた。
そして, ジェームズ・ストレイチーやアーネスト・ジョーンズを含むロンドン
の中心的な分析家たちに招かれ, 1927年『国際精神分析誌』の子どもの分析に
関するシンポジウム^{訳注5)}では, おおむね満場一致で支持されていた。

　このように, クラインは, まさに子どもたちの中でそれが起こっている時期
により近いところで, これら早期の発達の歩みを探査することが, 20年後に大
人と作業するよりも正確な発達概念を導くことになる, と主張した。

まとめ

　クライン初期の発見は, 児童期の心理学的発達についてフロイトが描
いた概要が実質的には正しいと示した。しかしながら, 彼女はフロイト
の理論にいくつかの修正を加えた。その修正は, 理論的にも実践上も大
きなものであると考える人もいたが, 彼女にとっては比較的些細なもの
であった。特に, リビドーの各発達段階の時間的進行はそれほど明瞭に
分かれておらず, 罪悪感の起源はフロイトが提唱したよりも早く, 発達
の早期から後期に至るまでの転移の現象は児童期を通して見られるとク
ラインは主張した。また, 彼女は, エディプス・コンプレックスと超自
我はフロイトが示唆しているよりも早く形成される, と考えた。

　これらの発見は, 精神分析を, あるいはクライン自身をどんな状況に置くこと
になったのだろうか？

第I部のまとめ

　第I部では，子どもの分析の発展を見た。そして，フロイトの発達心理学に対してクラインがなすべきと考えたさまざまな修正について論じた。クラインは，これらの修正点の概要を『児童の精神分析』(1932) という本で述べている。この本は，この時期に彼女が学び，貢献することのできたすべてについて，まとめて説明したものである。しかし，クラインはそこで終わりはしなかった。その後の30年くらいにわたり，より多くの貢献をしたのである。彼女は，アブラハムの理論的発展に立ち返った。それは，1921年から1926年にかけてベルリンにいた頃に吸収したものだった。

さらなる読書のために

クラインの生い立ちや受けた影響

Segal, H. (1979) Kein. Glasgow: Fontana/Collins.

Grosskurth, P. (1986) Melanie Klein: Her Life and work. London: Hodder and Stoughton.

Likierman, M. (2001) Melanie Klein: Her Work in Context. London: Constable. 飛谷渉訳 (2014) 新釈 メラニー・クライン. 岩崎学術出版社.

クラインの最初の観察論文

Klein, M. (1921) The development of a child. In The Writing of Melanie Klein, Volume 1. London: Hogarth, pp. 1–53. 前田重治訳 (1983) 子どもの心的発達. メラニー・クライン著作集1. 誠信書房.

クラインの子どもとの臨床研究の詳細

Klein, M. (1932) The Psychoanalysis of Children. In The Writing of Melanie Klein, Volume 2. London: Hogarth. 衣笠隆幸訳 (1996) 児童の精神分析. メラニー・クライン著作集2. 誠信書房.

Klein, M. (1945) The Oedipus complex in the light of early anxieties. In The

Writing of Melanie Klein, Volume 1: 370-419. London: Hogarth.　牛島定信訳（1983）早期不安に照らしてみたエディプス・コンプレックス．メラニー・クライン著作集3．誠信書房.

Frank, C. (2009) Melanie Klein in Berlin. London: Routledge.

内的現実に関する一般的見解

Miller, J. (ed.) (1983) Kleinian Analysis: Dialogue with Hanna Segal, in States of Mind. Conversations with psychological investigators. London: BBC.

Waddell, M. (2002) Inside Lives, Psychoanalysis and the Growth of the Personality. London: Karnac.

第Ⅱ部　最早期の発達──誕生から始まる

　第Ⅱ部では，クラインがそうしたように，私たちは数歩後戻りして，カール・アブラハムが彼女の思考に与えた影響に立ち戻る必要がある。クラインによる子どもの分析の発展，そして新しい概念や発見は，次第に実を結んだ。多くの人にとっては，一生涯の貢献としてはこれだけでも十分であるとみなすことだろう。しかし，メラニー・クラインは，ふたたび駆り立てられたようにみえる。そしてその勢いの一部は，カール・アブラハムへの尽きない忠誠から来たものだった。アブラハムは，クラインの指導者であり，クラインが子どもの分析についての仕事を発展させるのを支えた。アブラハム自身も精神分析において新たな着想を展開していた。それは，深刻な障害を持った人たち，精神医学的な症例との分析に基づく着想であった。アブラハムは新しい分野を探索したが，不運にも1925年に若くして亡くなった。クラインは，彼の仕事を継続させることを自らの務めとした。

　精神分析の草創期，とくに第一次世界大戦直後に戻ると，新たにほかの人とは違ったことをする自信に満ちたリーダーたちがいた。かつてフロイトは，入院していない外来の患者との仕事をずっとしていた。これらの患者は神経症であったが，危険であったり，狂っていたりはしていなかった。しかし，精神医学にはほとんど理解されていない広大な世界があり，その世界は実際にはほとんど研究もされていなかった。フロイトは精神分析の方法を用いて，重篤な精神病を抱える人を理解しようと実際，試みてはいたが，その試みを患者その人を分析することによってではなく，患者の回想録を分析することによって行った。その患者とは，シュレーバー判事（Freud, 1911a）のことである。カール・ユングは，チューリッヒのブルクヘルツリ病院で重篤な精神病患者の治療をしていたが，彼がシュレーバーの回想録のことをフロイトに教えた。重篤な精神障害を理解し，さらに自分の方法や理論を発展させるために，フロイトはこの種の精神医学的問題を捉えて理解しようとしていた。分析家の中には，フロイトの精神分析運動に参加する以前に，精神医学の分野でそういった問題に

取り組んでいた者もいた。そのうちの一人が，カール・アブラハムだった。アブラハムは，フロイトの精神分析運動に加わる以前の1905年から1907年にかけて，チューリッヒのブルクヘルツリ病院でオイゲン・ブロイラーとカール・ユングとともに，精神医学，そして精神医学的問題を持った患者について実際に研究していた。

　この第Ⅱ部では，精神分析の観点から，重篤な精神病の理解を定式化しようとしたアブラハムの試みに，クラインがどのように立ち返っていったのかを辿り，そのことが，1940年台，1950年台における統合失調症を理解しようという新たな実験的試みにどのように繋がっていったのかを辿っていく。

本能とエネルギー

　本能は，源泉・目的・対象から構成されるとフロイトは言った。すなわち，フロイトは，有機体は生物学的な源泉の力によって突き動かされ，本能は対象を使ってその目的を達成するために働く，とした。彼は，人間はこれら3つの要素を非常に多様な形で管理し修正することができる点に特徴があると考えた。概して，フロイトは本能衝動を第一に強調し，量という観点，つまり源泉から湧きあがるエネルギーの量という観点から考えた。ある衝動のエネルギー量は，ほかの諸々の影響と比較して評価され得る。すると心の生活は，別の方向に作用する異なるエネルギー間の相互作用として，描かれることになる。ここから，フロイトの「経済モデル」という古典的理論が生まれた。これは，心的装置を通してどのようにエネルギーが流れるのかを描き出すモデルであった。性器（や口や肛門）のような源泉からの身体的刺激で始まり，神経系はエネルギーで満たされる。エネルギーは，たとえば性行為などなんらかの活動にはけ口を求める。この性的エネルギーは，性的パートナーという対象を使用し，性的満足という目的を達するなかで放出される。マスターベーションにおいてすら，何らかの対象があり，それは自己そのものかもしれない。しかし対象は，心の中に抱いている誰かの**イメージ**であることが非常に多い。この点については，忘れずに覚えておいていただきたい！

　しかしながら，フロイトは精神病の問題を理解する試みへと踏み出した際，それを現実原理を記述することを通して行った。つまり，フロイトはこのとき現実の人の住む他者の世界に焦点づけて考察したのであり，心の中のエネルギ

ーのやりくりの光景に焦点づけて考察したわけではなかったのである。このようにフロイトは精神分析への対象関係的接近の発案者ではあった。しかし，その発展はほかの者に委ねられた。フロイトの身近なサークルのなかで，心のメカニズムを対象との関係として理解することを真剣に取り上げた最も重要な人物は，カール・アブラハムであった。

　「対象」についての注意書き　「対象」という言葉は人物を意味していることを明確にしておこう。それは，文章においては，主語（主体＝subject）ではなく，目的語（対象＝object）にあたる。主体と対象は単純に自己と他者と考えてよいだろう。おそらく，「対象」という言葉の使用は，より科学的な客観的枠組みの中に精神分析理論を位置付けようとする意図があったのだろう（少なくとも英語においては）。文献では「対象」と書かれることが多いので，その慣習をここでも踏襲することとする。

第7章　早期のメカニズム——内と外

　メラニー・クラインは，彼女が分析を受け
た，二人の分析家に強く励まされた。一人は
ブダペストのフェレンツィであり，もう一人は
ベルリンのアブラハムだった。しかしながらク
ラインに理論的な指針を与えたのは，アブラ
ハムの方だった。彼は1925年に亡くなった。
フロイトとは若干異なる見解を持ってはいた
が，ユングがしたようにフロイトと言い争うと

キーワード

- 原始的防衛メカニズム
- 投影と摂取
- 重篤な精神障害を理解する
- 精神病
- 対象の重要視

いうことはなかった。では，アブラハムはクラインに何を教えたのだろうか？

　本書の第Ⅰ部で触れたように，1932年までにクラインは子どもとの精神分析
についての本を書き終えていた。クラインの心に燻っていたのは，彼女の分析
家であったアブラハムが1925年に死ぬ前に生み出していた新しい着想（1924）
へ取り組むことだった。子どもたちを精神分析によって治療することができる
のかという問題はすでに「解決済み」であると彼女は思っていた。そこで彼女
は，アブラハムへの忠誠へ，そして精神分析において未解決の大問題，つまり
精神病を患った人々をどのように治療したらよいのかという問題に立ち返った。
　アブラハムの精神医学における経験は，フロイトにとって重要であった。そ
してアブラハムは，フロイトの精神病の起源に関する見解に忠実に留まってい
た。フロイトは，精神病の起源はリビドー発達の非常に早い段階にあたる口唇
期と肛門期にまでさかのぼる，と考えていた。これらの早期の段階に，極度に
強い葛藤や欲求不満をもつ機会があると，発達しつつある乳児に深刻な断層，
つまり脆弱なところを残す可能性がある。そして，のちの人生において，その
人には，まさにその早期の段階に相応する感情や防衛のモードを無意識的にと
る傾向が保持される，とフロイトは考えた。また，精神病的な状態ほどは深刻
でないメンタルヘルス上の問題は，性器期（エディプス期）への「退行」に由

来するものであると考えた。アブラハムは，この古典的理論を信頼に足る雛形として受け入れ，十数年をかけて，重篤な精神障害を持った人を分析し，彼らの問題が前性器期，つまり口唇期と肛門期に始まるものかどうかを確かめる企てに乗り出した。

　アブラハムは，躁うつ病（今日では，「双極性感情障害」と呼ばれる）という深刻な障害を理解する上で重要な進展をもたらした。彼の仕事は，フロイトの「喪とメランコリー」での仕事と密接につながっており，「対象」についての新しい考えを伴っていた[訳注6]。「喪とメランコリー」で述べられているのは，重要な人物，いわば「愛する者」の喪失は特定の過程を始動させるがそれは誤った方へ向かうことがあり，その場合，喪は抑うつへと姿を変えるということだった。フロイトのこの論文についてみていくことから始めよう。

　先にも述べたように，フロイトは個人開業で患者と会っていた。その患者たちは神経症を患っており，入院患者ではなかった。しかし，フロイトには，精神科病院で働く同僚，特にチューリッヒのブルクヘルツリ病院でオイゲン・ブロイラーやカール・ユングと共に働く同僚がいて，アブラハムもそこに含まれていた。彼らは主に精神科で働いており，精神病的な障害に苦しむ患者の示す様態や苦痛の訴えをよく知っていた。

　最早期には身体で進行するプロセスは，心のプロセスと十分には分化していない。糞便を排泄することと，心理的な対象を失うことは，同じこととして**感じられる**。フロイトはこのことを，「自我はそもそも身体自我である」（1923）と表現している。このように述べることでフロイトは，身体の体験はあらゆる感覚のうち最初のものであり，そして，ゆっくりと心の経験へと引き継がれていくが，そのとき，乳児は最初それを身体的なプロセスとして体験することを示した。

　アブラハムはそこで重要な発見をした。重篤な精神病的混乱を持つ患者は，前性器期の手に負えない特定の経験に対して，異なる防衛手段をとる傾向があるということを発見したのだ。抑圧という経験を無意識へと押しやる，比較的単純な方法が使われることがあまりなく，その代わり，摂取と投影が顕著に使われる。アブラハムの魅惑的な関連づけによると，摂取はものを体内に取り入れることと関連があり，それはフロイトが（「喪とメランコリー」で）メランコリーに見られると記述し，あたかもなにかをぺろりと食べ，呑みこむかのよ

訳注6）メランコリーは現代ではうつ病に相当すると考えられる。

うであり，口唇期と結びつくにちがいないと記述した通りだった。そして，その
いくらか後に，排出のプロセスが起こるわけだが，それは投影と関連がある
とした。排出のプロセスは，ここでも糞便の排泄という身体的なものと**感じら
れる**。摂取と投影という，これら二つのメカニズムについては，さらに詳しい
説明が必要である。

　フロイトのメランコリーの理論を確証する根拠（エビデンス）を得るために，アブラハムは
躁うつ病を持つ患者との精神分析的治療に取り掛かった。躁うつ病の患者は気
分の大幅な揺れを呈するのだが，抑うつと躁との間には比較的混乱の少ない期
間がある。アブラハムは，この抑うつと躁との合間の期間に，分析の可能性を
探った。

　躁うつ病の患者が抑うつ状態に向かっているとき，自分自身から何かが失わ
れたと感じることに，アブラハムは気がついた。その時期，患者はその喪失を，
排泄のように物理的身体的に感じていた。抑うつ状態から抜け出るときには，
失ったものを再び取り戻すように感じる傾向がみられた。まるでものを呑みこ
む時のように物理的にそれを取り戻すように感じる傾向が見られたのだ。アブ
ラハムは，摂取と投影という二つのプロセスに，明解な具体例を提示した。こ
こで，喪失と回復と，投影と摂取のプロセスとが互いに関連しているというこ
とを具体的に示していこう。

　　その患者は，しばらく前に，ある若い女性に好意を持ち，婚約をしていた。いく
つかの出来事があったことで，婚約者に対して激しく反発する性向が呼び起こされ
た。その結果，愛の対象から完全にそっぽを向いてしまっていた［そして抑うつの
エピソードにつながった］。［抑うつ状態からの］回復期には，婚約者との間に**再接
近**が見られた。しかし，少しして短い期間の抑うつが再発した。私は分析の中で，
その再発の始まりと終わりとをつぶさに観察することができた。
　　再発の間に，婚約者への反発がふたたびはっきりと見られた。その反発の仕方の
一つに，次に述べるような一時的な症状と見えるものがあった。抑うつが普段よ
りも強い時，患者は**肛門括約筋**を引き締める強迫に駆られたのである（Abraham,
1924, pp. 443-444）。

　患者の肛門は，当たり前だが，望ましくないものを排泄する部位である。こ
の際，症状は，あたかも彼が，望ましくない事柄を失いたくないという葛藤状

態に置かれていることを示しているようにみえる。アブラハムが主張するように，このことを心のレベルに変換すると，症状は，恋人をまるで糞便を排出するように簡単に排出して再び失ってしまうのではないかと患者が心配していることを表現していた。この例では，肛門を身体的に引き締めることで，排出の行動を食い止めようとする試みがあった。

　ここでの記述は，前性器期つまり早期の本能衝動の一つである肛門衝動（フロイトが1905年に記述）の記述であるが，一方で，心理学的レベルも存在する。このような心理学的体験レベルにおいては，対象との物語的なプロセスを含む行為がある。ひとつの出来事の中に，身体的（排泄）衝動があり，同時に，かつて愛した人物（対象）を追い出すという経験も含まれている。アブラハムにとって，投影することは，肛門の身体的プロセスと結びついた心理学的な体験であった。

　防衛メカニズムと，対象との空想的な体験との興味深い相関関係は，内在化にも適用される。摂取は，空腹や食事と結びついた身体的衝動であると同時に，（おそらく，愛するよい対象と感じられている）対象を体内に，そして，その人の内側にも移し入れるプロセスである。これは，深い無意識の水準での世界との関り方であるが，それにも関わらず影響は大きい。この体験は無意識的空想として知られている。アブラハムにとって，衝動が体験として感じられる，このようなプロセスは，精神病における基本的なプロセスであった。とはいえ，彼はこのプロセスがごく普通の人々の中にも同様に生じていることに気づき始めてもいた。

　もちろん，そういった空想は意識から遠く離れたところにあり，したがって対象も同じく遠く離れたところにある。そして，心理学的メカニズムと身体的機能との間の，この密接なつながりも無意識の奥深くにある。アブラハムが続けて言うように，「このように，その患者の一過性の症状は，物理的な意味で，自分が再び失う恐れがある対象を保持しようとしていることを表していた」（Abraham, 1924, p. 444）。さらにアブラハムは続けて，そのメランコリー患者が対象を失うと，今度はそれを回復しようと試みるだろうと述べている。

　　私の患者の場合，上述した一過性の症状は病気の短い寛解期の始めに形成されたのだが，それで終わりというわけではなかった。数日後に，患者は再び自分から新

しい症状があることを伝えてきた。その症状は，いうなれば最初の症状を引き継いでいるとのことだった。患者が通りを歩いていると，そこら辺に落ちている糞便を食べたいという強迫観念に駆られた。この空想は，彼が糞便の形で体から排出した愛の対象を，ふたたび体の中に取り戻したいという欲望の表現であることがわかった（Abraham, 1924, p. 444）。

　この精神分析ケースの詳細は，口唇期と肛門期という二つの心理的段階がどのように相互に影響し合っているのかを示すことを目的として提示された。口唇期と肛門期は，心理的であるとともに，それぞれ取り込む（摂取）こと，排出する（投影）こととして，まさに身体のプロセスと同じ明確さで感じられていた。この消化のモデルは，単なる比喩以上のものであり，重篤な精神病的抑うつのケースにおいては現実として感じられる。身体的対象，つまり大腸の中にある物は，物理的に外に出したり，ふたたび中に戻したりされる。そして，その身体的対象は，心理学的な「対象」の喪失と再獲得とに密接に関連しているのである。

まとめ

　アブラハムは，対象（重要な他者）が自分の境界を出たり入ったりすることを強調したが，これは新しい強調点であった。彼は，これらの情動的空想という考えと，衝動エネルギーの発散という従来の精神分析家の空想との間でバランスをとったが，メラニー・クラインが最終的にそれを取り上げていき，新しい流れの始まりとなったようにみえる。クラインは，子どもの患者が想像から紡ぎ出された物語を遊びの中で表出するのをみて，アブラハムのこの新しい考えを受け入れていったのである。遊びそのものは投影プロセスであり，玩具や玩具同士の関係に，その子どもの心を占めている内的な関係のパターンが見られるのである。

　アブラハムは衝動を空想的体験として見るバランスの取れた見方を提出したが，フロイトは本能論的概念化とエネルギー使用の「経済論」を強調していた。では，もう一方の側面，つまり無意識的に空想される物語を強調したらどうなるのだろう？

第8章　経験と空想

　「対象」は，カール・アブラハムの探究の中でも，そして，彼の仕事をクラインが発展させた中でも，高度に発展した着想であった。対象と関係するという経験は，生物学的な衝動と結びついて生じてくるため，そこに本能衝動に支えられた確信があるという性質を持っている。心理学的な構造の内から立ち上がる，強烈な確信は，無意識的空想と呼ばれている。

キーワード
■ 無意識的空想
■ 自我境界
■ 対象関係論
■ 内的対象

　関係の物語として経験される本能衝動というアブラハムの観点が示されたが，クラインはその認識をどのように活用したのだろうか？

　本能の経済性に焦点づけることなく，クラインは，患者がこの世界で起こっていることについての物語に没頭していると考えた。物語的な空想は，自分自身であるものと自分自身を超えているものとにもっぱら向けられていた。自己と他者を分けるのは境界，つまり自我境界である。クラインによれば，この境界は人生の初めから存在している。この境界は，対象関係を規定する起源そのものである。自我は生まれながらに，境界を伴って，自己ではないものと接しつつ存在しているということである。

　フロイトにとって自我は，世界や自分自身を認識する能力を表していて，知覚装置から生じてくるものである。自我は感覚入力を使うことができる。しかしそれだけでなく，自我には，いわゆる内受容器が含まれており，そこでは体の中の状態（空腹，体温，体位など）を告げる感覚知覚を受け取っている。これらの内部知覚は，欲望（本能あるいは欲動）からのプレッシャーや，満足か欲求不満かの可能性の指標ともなる。

無意識的空想

　フロイトは，あるひとつの無意識的空想を強調した。それはエディプス・コンプレックスであった。クラインは子どもとの仕事を超えて新たな探究を始めた。1934年の初めごろ，新たな考えが兆していることをメモに残している。それは彼女の人生の中での悲劇的な出来事が起こる直前のことだった。クラインは，それまでに大人の患者との臨床にも携わっていたが，子どもと同様に対象の動きを追っていた。そして，次に示す短い例（おそらく1934年初頭のものだろう）で，これら内在化された対象が心の内部でいかに存在し，生き続けるのかを記述した。彼女のノートは出版のために書かれたものではない。

　　（その患者は）もし自分がよい考えを得たとしても，自分の内側にいる敵にその考えを奪われてしまうだろうと不安になり，仕事が常に妨害されていると感じていた。敵は考えに価値があるときだけ邪魔をしてきた。思いついたのがよい考えであると，不安が増した。次の連想が話された。彼は山に登り，羊を導きながらも，ついて来る敵をコントロールする必要がある。敵は常にコントロールしておかないといけなかった。そうして羊たちをかき乱されずにすむようにしないといけなかった。それでも，もし敵に出会ったなら彼は頂上から落ちてしまうかもしれなかった。他方，友人に出会ったのなら，助けられる可能性があった。
　　羊は，彼の考えと仕事中の緊張，生み出すことへの不安とその焦りを表していた。そこには，考えが自分の中で熟していくことに自信をあまり持てず，すぐにでも日の当たる場所に出してやらなければならないと彼が感じていることが表現されていた。これらはすべて苦闘，緊張，隷属状態として感じられた（Hinshelwood, 2006に引用）。

　人は自分自身の考えを，あたかも貴重な対象や敵であるかのようにアニミズム的に経験しているとクラインが理解していた様子がこの例には示されている。それは子どもが玩具と遊ぶときに見た，よい対象を安全に保持して敵から守る様子を思い起こさせた。
　あるセッションの素材に対するこのような興味深い解釈の仕方に，クラインの考えの原理が示されている。それは，外の世界でドラマが進行するように，患者の心の**内的**世界でも，内なるドラマが進行しているというものである。

　1934年の4月に彼女の息子ハンスが登山中の事故で亡くなった。その出来事は，嘆き悲しむしかない，本当に破局的な出来事であった。しかしながら，このときの彼女のアプローチからすると，彼女が感じた痛みは，彼女の内部で起きた破壊の痛みでもあった。現実の愛する息子は死んだが，その痛みは彼女の**内部でも**彼が死んでしまったという経験から生じていた。

　フロイトが，エディプス・コンプレックスの欲求不満から生じる両親カップルについての空想の内的意味を記述したとき，これらの無意識的経験は確実なことと感じられていた。私たちは，知覚したものにさまざまな意味を見出し，実際に他の人たちの中でもそうなっていると信じている。私たちの外的世界は，心の内部の源泉より感情的な彩りや意味を引き継いでいるのである。ここで述べているのは，二つの世界，すなわち対象の関わり合いで構成されている内側の（内的・心的）世界と，知覚で構成されている外的世界という二つの世界の間の相互作用のことである。内側の世界と外側の世界は相互に影響しあっている。しかし，その影響はスムーズで歪みがないとはかぎらない。

　　最近のコメディ映画『宇宙人ポール』（2011）の一場面で，キャンプ場のオーナーの娘で傷つきやすいルースという女性から場所を借りようと，二人の人物が登場する。のちに，彼女が厳しく懲罰的な中で育ってきて，そのことで彼女の発達や自由の感覚が阻害されてきたことがわかる。登場人物たちとの短いやりとりから，彼女の内側の世界が垣間見られる。彼女はその客たちが英国のパスポートを持っていることに気がつき，自分は英国が好きだとひとこと言って，その後に自分は一度も行ったことはないのだけど，と付け加えた。登場人物のうちの一人が，「行ったほうがいい」と言うと，ルースは自分がまた拒絶されたと思って歩き去ろうとした。登場人物たちは，何が起こっているのかを悟り，行くべきだと言ったのは，ロンドンに行くことを励ますつもりで言ったのだと説明した。そうすることで彼らは，ルースが好奇心を取り戻し，知らない人々や場所のことも知りたいと思うのを助け，より積極的な関係を築く力を回復させた。

　お分かりのように，ロンドンへの招待は，ルースの心の中では，拒絶され，立ち去っていなくなるよう求められたことになってしまったのである。ルースにとって，もてなされ寛大に受け入れられる経験は，（子どもの遊びにおける制止に似て）制限とコントロールとに姿を変える。これは，厳しく支配的な家

族背景から来る個人的な経験を反映しているようである。

　その経験は過去に由来し，現在に対する優勢な解釈となるのである。ルースの内側にある強力な空想が，彼女を取り巻く世界の中で現実に起こっているかのように現れる。彼女の心にとって，周りの世界は拒絶する世界であって，現実に存在していた寛容な世界はもはやなくなってしまったのだ。

　このような世界の内的雛形は，普段の行動や反応それに関係性を決定する上で大きな役割を果たしており，クラインにとっては，それらが心理学的な経験の構成要素となっていた。彼女はこの種の物語の観点から心的行動を見たのである。想像された世界が，実際の外的な他者を超えて優勢になってしまうことを，フロイトは「思考の万能性」と呼んだ（Freud, 1909b, p. 235）。

　子どもや大人の患者との経験を重視するクラインの姿勢は，彼女が新しく考案した遊戯技法において遊びの物語を注意深く観察し，その展開を促すことで得られた根拠に由来していたとみてよいだろう。それはフロイトとは非常に異なる現象，つまり経験的な現象という指針を与えてくれたのである。それは，フロイトが本能「エネルギー」について推論したことから生じた客観的な決定因に焦点を当てたものではなかったのである。フロイトの言う本能エネルギー概念は，著名な生理学者エルンスト・フォン・ブリュッケの研究室で彼の中で培われた，ある特定の姿勢に由来するものだった。

まとめ

　子どもの分析のための遊戯技法の開発は，クラインの思考を特定の経験的アプローチの方向へと導いた。彼女は，不安を表現する子どもたちの語りを直接観察した。そして心的装置の活動について推論したりしなかった。それによってクラインは，心とその構成要素の本質を，暗にではあるが，再概念化することになった。むろん，それは前途にさまざまな困難が立ち塞がることになる再概念化であった。

　クラインは彼女の遊戯技法のもとで起る臨床的出来事に注目した。それによって，クラインはエネルギーではなく，物語を心の基盤として考えるようになったようである。このことは，発展しつつある精神分析理論に多大な影響を与えることになりうると予想される。その結果はどのようなものだったのだろうか？

第9章　あなたは誰？──自我境界

アブラハムは本能衝動，心的エネルギー，
そしてリビドーの諸段階に物語的内容を与え
た。クラインが長年にわたりアブラハムの見
解に忠実な関心を持ってきたことを踏まえる
と，心とその構成要素，そしてその関係につ
いてのクラインの理解は，フロイトが開始した
古典的な流れと分岐し始めるのは必然であっ
た。彼女のモデルは，心の活動の中心に能
動的な関係性を置いたものであった。それは，

キーワード
- 超自我の構造
- 自我境界としての皮膚
- 原始的メカニズム
- 迫害不安
- よいと悪い
- 内的対象

他者との現実における関係の物語であるかもしれないし，身体の官能的体験に
よって表象される，他者との空想における関係の物語でもあるかもしれないも
のである。
　では，クラインはどのように心を記述したのだろうか？

　前章で述べた原始的空想は，無意識的空想として知られ，そもそも生まれな
がらに存在している。たいてい無意識的空想が，早期から経験を構成している。
自我が発達するにしたがって，周囲の世界から不承認の圧力があることに気が
つくようになる。自我は，世界が分け与えてくれる満足を得ていいのか，それ
とも抑制したほうがいいのか，見定めることを始めなければならなくなる。そ
の際に，自我はそれまで蓄積してきた無意識的空想の観点から，それを見定
める。フロイトが考えたように，自我は，社会や家族が主張する基準（Freud,
1914）とそれに違反した場合の罰を体現する部分，つまりフロイトが最終的に
超自我と呼んだ部分（Freud, 1923）を外に投げ出す。超自我の厳格さは，非
現実的な源泉から発する無意識的空想で満ち満ちている。

皮膚境界

　クラインの対象関係心理学の展開の観点から見ると，自我は対象との体験により構成される。その場合，まず対象は自我の外側に存在している。すなわち，母親，父親，そしてその時に重要な人物などの外的対象として存在している。実際，フロイトも自我を「対象へのリビドー備給を放棄した後の残滓物」（Freud, 1923）と呼び，それを思い出した人もいるだろう。しかし，フロイトはこの謎めいた言葉についてその後説明することはなかった。一体どんな意味だったのだろうか？

　ここまで見てきたように，認識される対象は，自我境界のどちら側かに一貫して留まるということはない。自我の安定性と統合性，つまりその人のアイデンティティを維持しようとする自我の努力に応じて，対象はある側からその反対側に引っ張られて移ったり，また元の側に戻ったり，自我の中に囲われていたり，外側に放り出されたりすることがある。フロイトは，このことについて，次のような場面を示している。

　　本能衝動のうち最も古いものである口唇衝動という点で表現すれば，「これを食べたい」とか「吐き出したい」であり，もっと一般的な言い方にすると「これを自分の中に取り込みたいし，外に出ないようにしておきたい」ということである。つまり「その対象は自分の中にあるべきものであるか，自分の外側にあるべきものであるか」ということだ。別のところでも示したように，もともと快を求める自我は，自分自身の中によいものをすべて取り入れ，悪いものをすべて排出したいと思うのである（Freud, 1925, p. 237）。

　フロイトが示唆しているのは，自我境界は非常に早い時期からの現実的経験として考慮しなければならない，ということである。とは言うものの，ここでの引用は要点を示すために集められたものであり，本能に立脚したより広範に見られるフロイトのアプローチを代表しているわけではないことは認識しておく必要がある。それにもかかわらずフロイトは，このような対象の出入りは自己の中によいものを求める欲望に動機づけられていると考えており，そのようなよいものは，自分が善良で適切であるという自信を構成するものである，と考えている。こういった早期のプロセスは，いわば自分がこうであると信じる

もの，つまり自我や自己感覚を形作る。判断機能は，次の二つのことを見定めるうえで重要である。(i) ある対象がよいものと感じられるか，悪いものと感じられるか。(ii) その対象は「自分」の内側にあるのか，外側にあるのか。

　この自我境界の強調は，フロイトが皮膚の特定の部位（口，肛門，性器の領域）を重要視していたことと一致しているように思われる。これらの部位は，差し迫った衝動の発生源であるため重要なのである。これらは性感帯であり，身体への入り口に存在する。しかし，対象関係の視点から見ると，皮膚感覚が重要なのは，概して，それによって自己と他者の存在が，そして自己と他者との経験を構築する境界が常に確証されるからなのである。

　これと関連した自我のある側面について，クラインは，のちの成人患者との仕事によってさらに明らかになったと考えた。それは，自我境界のまとまりが脅かされたと感じたときに，自らの存在が脅かされていると感じ取る自我の感覚のことである。クラインの後の理論においては，自我や自我境界の破壊の経験は，人生の始まりにおける強烈な経験であり強烈な恐怖，すなわち自己の生存にまつわる迫害不安であるとされた。あらゆる動機のうち最初のものは，自我の絶滅の不安であるとクラインは考えたのである。自我が最初に摂取する対象は，自分の内側にあって，自我の存在やまとまり，そして境界を守ってくれているとある程度，信じられているものである。自我が存在できるかどうかは，内側によい対象が存在するかどうかと直結していると感じられているわけである。対照的に，痛みや絶滅の経験も存在する。体の内側に生じる空腹やその他の苦痛の体験は，絶滅を引き起こそうと欲しているものが自己の内側に存在していると感じられる。これが「悪い対象」であり，「よい対象」や自我の存続と本質的に対立していると感じられている。絶滅や，よい対象／悪い対象や，摂取と投影という原始的プロセスについての無意識的空想は，妄想・分裂ポジションと呼ばれるものを特徴づけている。

　この競合する二つの状態は，本能衝動の満足と不満足とに対応している。これら（よい対象に心を占められるか，悪い対象に占められるか）の二つの経験が相互に作用し合い，自我の構成要素が築き上げられていく。誕生後のまさに初めの体験は，呼吸を求めること，口から栄養をとること，それに抱かれたり包まれたりする皮膚感覚である。クラインはアブラハムと同様に，そういったすべてのことに心の経験が伴うと考えた。特に皮膚の経験は，境界があるという自我の経験を強化するようだと考えた。

無意識の新しい側面

　精神病での心の働き方を理解する際の着想から生じたこれらの概念化によって，クラインは最終的に，アブラハムが，ひいてはクライン自身も，無意識についてこれまでとは違った見方を発見しつつあると思った。それは，エディプス・コンプレックスにおける葛藤とは違っていた。神経症的な葛藤は，対処しがたいものであり，それを見えないように追い払うために抑圧によって処理される。その結果，葛藤は，夢や症状，そして昇華された活動（たとえば，スポーツや芸術）といった象徴化された代替物を通して，姿を見せる。一方，なにか別のことが心の装置を掻き乱すことがある。精神病を引き起こす，そうした異なる心のストレスに対処するために，抑圧とは違ったプロセスが採用される。自我が他の手段では対処できないストレスは，排泄によって取り除かれる。フロイトが述べたように，その経験を吐き出す，すなわち心から取り除くのである。この考えは，精神分析の発展に影響を及ぼし，その基礎にある仮説を疑問視することにもつながった。

　フロイトが力動的なものとして主張した無意識的な心の概念化は，少しずつ変わり始めていた。経験や反応，そして関係性を決定づける内的（心的）現実というものがあり，それは「原始的メカニズム」によって支配されている。内側の世界は，エネルギー的な意味ではなく，関係論的な意味で力動的なのである。そのため，内的世界は，その人の内側にいると感じられる他者や対象との関わりの物語に基づいている。これらの他者や対象は，謎めいた存在を示唆する，内的対象と呼ばれるようになった。内的対象が謎めいているのは，特にそれが無意識であり，簡単に調べることができたり，その辺にある実在のものと比較したりすることができないためである。

　自分が試験を受けるときのことを思い出してほしい。厳格で批判的な試験官や教授がいると想像することで，実際の試験中の自分のパフォーマンスにどれほど影響があるのかと。あるいは，オーガズムにおける性的満足といった身体的プロセスにおいてでさえ，身体的な満足が高まる（あるいは冷めていく）のに，心の中での想像は強力な影響を及ぼすことがある。想像された対象は，大きな影響を与えるのである。

内的なよい・悪い

　たとえば,よい教師といった支持的人物を心の中に抱いていて,常に励ましを得ていることもある。一方で,批判的な試験官を心の中に抱いていると,励ましてくれるよい内的対象とのバランスを取れないことがある。そういった場合,心の内側では悪い感情が強くなっていく。自我は内側からある種の敵意を経験し,それにより自己にまつわる感覚が損なわれ,内外どちらの状況や関係に対しても過敏となり傷つきやすくなっていく。

　アブラハムは,フロイトの発達図式を洗練させるという形ではあるものの,以上のことを確証した。死の前年に書かれた長い論文(Abraham, 1924)で,アブラハムは特定の理論的精緻化に貢献した。とりわけ,フロイトのリビドー段階と攻撃性の役割についての考えを発展させた貢献は大きい。発達のどの段階においても,攻撃性が重要な役割を担っていることにアブラハムは気がついた。彼は,メランコリーにおける異常な攻撃性が,結果として適切な喪を妨げるような,非常に苦痛な複雑な感情状態を引き起こすというフロイトの記述をある程度踏襲した。この見解は,当時のクラインの発見を補完するものだった。その当時クラインは,子どもの分析を始め,子どもの深刻な不安が自分自身の攻撃性への恐れとして表現されることを見出していた。この考えは,よく見れば人間の歴史を通して繰り返されている。私たちは,それを文学や芸術作品に見出すだろう。たとえば,オスカー・ワイルドの詩からの「とはいえ,人は自分が愛するものを殺す」(『レディング監獄のバラッド』)という言葉にもそのことを見て取れる。

記憶以上のもの――内側にいる小さな人びと

　分析家の中には,このような攻撃性の見方は,エディプス・コンプレックスや性愛にまつわる葛藤や欲求不満を軽視していると抗議する人もいる。この論争については未だ決着はついていない。というのは,クラインの立場は,彼女の臨床的思考を方向転換させたからである。しかしながら,クラインの考えの変化によって,彼女の概念化の中で性愛が完全に排除されたわけではなかった。ただ,攻撃性の性質と役割とをより詳細に見つめるようになり,攻撃性が外に対してだけでなく自己へも向かうことや,愛情深い感情と敵意に満ちた感情,

あるいは，よい対象と悪い対象との間のやりとりとして感じられることが見出された。

　フロイトが「自我はそもそも身体自我である」と言ったように，このような最早期の心理的対象が存在することが意味するのは，心理的経験は身体的な状態，感覚，活動として経験されるということであった。最早期の対象は，他者であり，他者の心でもあるが，同時に体の中に実際にいる具象的な対象として感じられうるのである。

　クラインは，心理的なものと身体的なものが混ざり合うように見える心のこのレベルを描き出そうとした。彼女は，被害妄想と心気症の症状を持ったある男性の精神分析を始めてしばらくした頃のことを書いている（1935, p. 275）。そこで明らかになってきたのは，その男性の絶え間ない被害妄想的告発や訴え，そして他者への非難の下には，非常に深い母親への愛情，そして両親だけでなく人への気遣いが埋もれているということであった。

> 　患者はさまざまな身体的不調を訴えていた。それから自分がどんな薬を飲んできたかを話し，胸，喉，鼻，耳，腸に対して自分がしてきたことを列挙した。それはあたかも彼が，これらの体の部分や器官の面倒を見てきたというように聞こえた。その後，彼は自分が面倒を見ている（彼は教師だった）若い生徒たちを心配していることを話し，自分の家族の何人かに対して感じている不安について話した。彼が治したいと思っているさまざまな器官は，彼の心に内在化された弟や妹たちと同一視されていることが明らかになった。彼は，その同胞たちに対して罪悪感を持っており，永遠に生かしておかなければいけないと感じていた（Klein, 1935, p. 275）。

　この男性は，意識のレベルでは体の中にある内的なものを気にかけており，一方で，外的な存在である実際の人びと（生徒や家族）も気にかけていて，その様子をクラインは記述している。クラインはそれら二つのことの間をつなぎ，無意識のレベルでは，彼の内側にある対象（器官）がケアを必要とする小さな人びととして**感じられている**ことを私たちに見てとるように促しているのである。

　この種の経験の積み重なりは，一方で記憶とも言え，私たちは，それを十分に意識して経験している。しかしながら，大事なことは，クラインが注目した，この「深いレベル」においては，内側の世界について，よりアニミズム的な感

覚があるということである。それは，自我は対象へのリビドー備給（情動の投
入のこと）が放棄された後の残滓物であるというフロイトの謎めいた自我につ
いての言葉が描き出していることでもある。対象へのリビドー備給とは，簡単
に言うと満足を与えてくれる対象への関心なのであるが，その備給が自我の基
礎的な構成に跡を残し続けるということである。自我は記憶の家というだけで
なく，記憶によって作られたものでもある。それは単なる記憶イメージではな
い。これらの対象は，内側で能動的な意図を持っているように感じられ，心の
状態に強い影響を及ぼす。対象は，助けてくれたり，害を加えてきたり，支え
てくれもすれば，殺そうとするようにも感じられるのである。

まとめ

　　クラインは，アブラハムの姿勢から多くを取り入れた。しかしながら，
　彼女は，アブラハムが重要と考えたリビドーの段階の入念な改訂につい
　ては，あまり注意を向けなかった。事実，クラインはどの論文の中でも
　「心的エネルギー」や「経済論モデル」という言葉を決して使うことは
　なかった。その代わりに彼女が注目したのは，アブラハムの記述のもう
　一つの側面，すなわち心的経験に導く衝動と物語についての記述であっ
　た。これらの物語は，今では無意識的空想として言及され，「本能衝動
　の心的表象」（Isaacs, 1948; Klein et al., 1955）であるとされている。す
　なわち，このエネルギー・モデルから対象関係に基づくモデルへの再編
　成は，英国の精神分析界において，新しい思考のための広い概念的空間
　をもたらしたのである。それはメラニー・クラインが最初に発展させた
　のだが，ボウルビィ，バリント，フェアバーン，ウィニコットといった
　彼女の同僚らもみな，ともに対象関係論的な概念の枠組みを発展させた。

　クラインは複雑な問題を理解していた。対象との関係に注目した場合，生物
学的な身体との関係はどのようなものとなるのだろう？　その関係は，本能の
ように身体的な刺激から行動上の発散へと一方向に進むものではないのか？
クラインと同僚たちは，古典的な精神分析理論との比較を試みようと，内的対
象の生物学に深い意味を与えるべく奮闘した。

第10章　抑うつとは？

　1930年くらいまでにメラニー・クライン
は心の内的世界に関して新しい見方を切り開
いた。そのことで，彼女はフロイトの古典的
基礎概念のいくつかを再検討することになっ
た。それらは，無意識の心，空想の展開す
る場所，エディプス・コンプレックスの時期，
超自我の発達，転移の性質といったことであ

キーワード
- 抑うつポジション
- 部分対象と全体対象
- 内在化
- 感情のアンビヴァレンス

った。これらの概念は重要ではあるが，1935年までには，クラインはさらに
ラディカルなアイデアに向かっていた。それは彼女が抑うつポジションと呼ぶも
のへと具現化された。
　抑うつポジションは，アブラハムの臨床的アプローチへの回帰から発展したも
のであるが，その概念モデルとはどのようなものなのだろうか？

　メラニー・クラインの人生のある時点で，大惨事が起こった。1934年，息子
のハンスが登山中の事故で，27歳の若さで亡くなったのだ。そしてクラインは
深刻な喪の課題をやり遂げなければならなかった。クラインは，彼女らしく，
自分がよく知っている抑うつ状態の問題へ再び戻った。それはアブラハムの
仕事や，フロイトの「喪とメランコリー」（1917）で論じられたものであった。
またクラインは，自分自身の抑うつと喪失だけでなく，アブラハムとの分析も
経験していた。
　当時クラインは，自我の構成要素や，原始的メカニズムがどのように自我を
構成するのかを探究しているところだった。クラインは，投影と摂取の重要性
や「全体対象愛」といったアブラハムの業績を研究していたのだが，部分的に
はそれは10年前に分析を受けている途中でアブラハムが突然，死んでしまった
という喪失への対処法だったのではないかと思う。今や彼女は自分自身の個人
的問題として，喪という問題に立ち戻らねばならなかった。クラインが，喪に

おける力動と，それに関連した（現在では双極性障害と呼ばれている）躁うつ
病の精神分析的研究へと身を投じたのは，彼女らしい動きであった。1934年8
月にルツェルンで開かれた国際精神分析協会の大会で，クラインはある論文を
発表した。それは息子の死から4カ月経った時のことだった。「躁うつ状態の
心因論に関する寄与」と題するその論文（出版は1935年）は，抑うつの内的力
動に関するもので，今では古典となっている。アブラハムやフロイトのように，
クラインは抑うつを喪の作業と極めて近いものと考えていた。抑うつにも喪に
も過酷な喪失感が伴う。彼女は喪の探究にさらに数年を費やしたが，それは二
つ目の論文となった。その論文では「抑うつポジション」と呼ばれるようにな
ったものについて論じられている。この「喪とその躁うつ状態との関係」とい
う題の論文は，1937年に書かれたが，1940年まで出版されなかった。

　クラインは，喪の作業によって，それまでに探求してきた心の構成に関する
関心を中断されたのだが，その関心は，活動している心の内容というよりも，
心の構成についてのものであった。彼女は喪に服す中で，彼女自身の苦境を経
由し，自分の心の中にいる死んだ息子がどのような位置を占め，どのような影
響を及ぼしているのかを再び検討し始めた。自分自身の喪失体験に明確に言及
はしなかったが，大事なものを回復させる心の能力についてクラインは記述し
た。つまり，自分の**内側**で失ったものを生かし続けようとするプロセスを描き
出した。

正常な内在化

　超自我についてのフロイトの理論は，実際には喪失の物語であった（Freud,
1923）。超自我は，愛する人を諦めるときに通常行われるプロセスの結果とし
て生じる。子どもが親（少なくとも異性の親）を性的に所有しているというエ
ディプス空想を放棄しなければならないとき，一種の喪に服さなければならな
い。この場合，最初の対象を放棄することは，親を摂取することで達成される。
それは完全に放棄されるわけではなく，心の内側で活動する代理人として残り，
育ちゆく子を導いたり，その子の行動や態度を調節したりする。この内的人物
が，超自我である。

内的な愛する対象の喪失

　1934年に発表された論文は，ある程度までフロイトの考えに従うものだったが，クラインはそこで極めて重要な追加を行なった。まず追加したことは，死別の極端な痛みは，心の**内側**の愛する対象の喪失である，ということだった。それはあたかも外的な対象が破壊されたように，彼女の心の中に棲む内的な愛する対象である息子のハンスが破壊されたようなものであった。したがって，喪は，外的世界での愛する対象を喪失するだけでなく，愛する対象が自己感覚のなかに空白を残していき，それによって内的世界が大きな混乱に見舞われている事態なのである。失われた現実の人が自己（自我）の中に摂取されるわけではなく，残された者の心の中にすでにいる愛の対象が失われたということなのである。クラインにとって，抑うつとは，（喪と同じように）内的対象の喪失であり，自己の内的世界の崩壊であった。自己は枯渇し，そのよさが疑われるのである（前の二つの章における，無意識的空想の議論を参照）。

全体対象という問題

　クラインは，子どもとの仕事の中ですでに，子どもがいかに攻撃性の悪影響と格闘しているかを示した。攻撃性にまつわる無意識的空想の中で，彼らの怒りは，物や対象あるいは人にダメージを与え，その結果として罪悪感が形成される。彼らがダメージを与えるのは，彼らの経験の中でとりわけよいものたちに対してである。幼い乳児は，授乳してくれる完璧な母親（のちの論文では「よい乳房」と呼ばれることとなる）の経験を最初にすると言える。そのよい母親は，授乳し，心地よい満足感を引き起こしてくれるという理由で，**愛そのもの**なのである。一度，心地よいミルクが飲み込まれ，それが内側にあると感じられると，母親は**内側**の善良な人物であると感じられる。しかし，当然赤ちゃんは空腹を感じることもあり，それを母親がミルクをくれないからだと感じる。そのとき乳児は悪い母親（のちに「悪い乳房」と呼ばれる）を経験している。つまり，母親は憎まれる。正確に言うと，赤ちゃんが空腹を，自分のことを憎み空腹であることを望んでいる母親のせいだと感じているため，母親は憎まれる。

　これらは実際の母親のほんの一部の認識にすぎない。乳児は，当初，母親を

よい面悪い面を持ち合わせた全体的な人であると認識することは難しく，視野の狭い状態にあると言える。母親は完全によい（理想化）か，完全に悪い（価値下げ，悪魔化）かのどちらかである。

　私たちは欲しいものが手に入らず，欲求不満を感じるとき，周囲の人たちがよそよそしく敵意さえ持っているかのように感じやすい。それは空腹であったり，どこかに出かけることができないことだったり，好きなアーティストのチケットが売り切れているのに気がついた時のことだったりする。注意を向けていただきたいのは，それが排除された経験（自分が欲しかったものを，他の人は手に入れることができる）と結びつくということである。それは，エディプス状況の早期の経験にまつわる感情なのである。こういった場合，内的世界は，悪意のある対象の手の中にある。

アンビヴァレンスと全体対象の喪失

　これらは，世界に関する原始的な見方ではある。けれども，想定では，こういった世界の構造化が起こるのは，最早期の生活においてであり，しかも知覚がまだ頼りない時なのである。そうして次に起こるのは，時間の知覚が発達するとともに，乳児は，「悪い」母親は同時によい母親でもあることを見てとることができるようになることである。そして，赤ちゃんが授乳を求めているのに授乳しない母親がその時まだ哺乳瓶のミルクを温めている最中であるかもしれないし，他の家族に昼食を作り終えてから授乳しようとしているのかもしれない，といったことを見てとれるようになる。つまり，あるときに知覚している母親と，別のときに知覚している母親とが同一人物であると気づき始めるという発達的な前進が生じているのである。しかし，このような知覚的統合だけでなく，別の統合も見られる。情緒的レベルにおいて，正反対の感情を統合しようとする必要が生じている。単によい母親と悪い母親を統合するのではなく，自分自身の正反対の側面同士，つまり愛情と憎悪という二つの感情を統合しようとする。対象を愛している自分と憎んでいる自分は同じ自分なのである。赤ちゃんは，愛する人をいわば間違って憎んでいることになる。

　つまり，自分が愛する母親は，自分が憎む母親で**も**あるのである。赤ちゃんに満ち足りた喜びを与える母親は，ときにその怒りの極限に達するくらい赤ちゃんを苛立たせる母親でもある。これは，クラインが抑うつと喪とを研究して

いて発見した新しい状況であった。この状況では，愛する対象は，憎む対象で
もある。憎しみから攻撃されダメージを受けた対象は，必要とし愛した対象な
のである。そして憎しみによって，慰めを与えてくれる内的な存在が失われる
危険がある。その喪失感は，外的存在が失われたときと同じように対処する必
要がある。それは，人に支えられているという親密な感覚の喪失なのであり，
愛そのものが罪悪感の痛みで常に汚染されているわけではない。

　したがって，チケット売り場の人や，ウェブサイトを運営している人は，好
きなアーティストを見たり聞いたりする機会を奪うためにそこにいるわけでは
ない。試験のときの教授が，落第点を与えたり，Ａをくれなかったりするのも，
さまざまな理由があることかもしれない。これらの人びとはかつて役に立って
いたが，消えてしまった人たちかもしれない。つまり，彼らはもはや完璧では
なく，時にこちらに不満を与えることで「汚染され」，価値が損なわれる。こ
のように他者の多面的な性質を認識すると，よい特徴や悪い特徴が混ざり合っ
ている「全体対象」像が見えてくる。これが，私たちがしばしばコントロール
することのできない外的世界の特徴である。しかしながら，それはまた，憎し
みが愛を凌駕することはなく，空想の中でもダメージを与えることはなくなる
ように，バランス（心的均衡とも呼ばれる）をやりくりすることで内的状況を
コントロールすることができるかどうかの問題でもある。

┌─ **まとめ** ─────────────────────────
│　この章では抑うつポジションについて詳細に検討した。クラインは，
│アブラハムの部分対象という考えを取り入れ，よいものも悪いものも含
│め，他者（対象）のばらばらの知覚がまとめあげられていく発達プロセ
│スを探究した。それによって，同一の大切な人物への愛と憎しみのアン
│ビヴァレンスが生じるという重大な問題がもたらされるのである。同時
│にクラインは，フロイトの抑うつに関する考えを真剣に受け止めた。抑
│うつは外界の他者を内在化し「内的対象」とするということに関連して
│いるとフロイトは考えた。結果として，クラインは，自己の内側にある
│ものへのアンビヴァレンスの現象は，個人の自己感覚に対して危機をも
│たらし，とくにそこから自己非難と自己嫌悪が生じることがある，と結
│論づけた。フロイト（1917）は，常軌を逸した自己嫌悪の要素を抑うつ
│の主要な特徴であるとしていた。これをきっかけとして，英国の精神分

析家の中で，内的対象の性質や自己の経験に関する，長く続く論争が起こった。

　ここで決定的に重要な問題は，ある対象が必要とされることである。しかし，その対象は生き残ることができないかもしれないのである。さらに言うと，その対象の存続は，主体の責任として想像され，感じられる。その対象は全体対象として知られている。これはアブラハムの「全体対象愛」という考えと呼応している。その対象は完璧ではない。完全によいものもなければ，完全に悪いものもないのが実情である。このジレンマは，人生の早期から取り組む必要がある。クラインは，このジレンマを「抑うつポジション」と名づけた。それは，欲求不満を引き起こす不完全さに汚染される程度に応じて，「よい対象」の完全性が失われるという理由で，抑うつ的なのである。愛情は憎しみの要素によって曇らされる。

　クラインは，フロイトとアブラハムの抑うつについての考えを再検討することで，必要ではあるが完璧でない対象へのアンビヴァレンスの不安に注目することとなった。ときに対象は非常に傷ついていると感じられ，そのため耐えがたく感じられる。それに対してどのように対処することができるのだろう？

第 11 章　償いとケア

（抑うつポジションの核にある）抑うつ不
安は，喪失の痛みとアンビヴァレンスによる
罪悪感を表す，いくらかぎこちない術語であ
る。クラインは，その心の状態についての記
述で，人が対処するために取る方法に話を進
めている。特に喪失やアンビヴァレンスの経
験を避けるために使われる無意識の防衛メカ
ニズムについて論じている。また，抑うつ不

キーワード

- 抑うつ不安
- 躁的否認
- 罪悪感
- 償い
- 昇華

安は潜在的に動機づけの重要な源泉となるとも彼女は考えていた。それは，た
とえ愛する人が攻撃されダメージを受けたり，完全にいなくなったりしても，少
なくとも心の中（心的現実の中）では回復されうる，というような考え方であ
る。その場合，このような償いのための活動は，外界での生活や人間関係の中
で，それらを代替物として用いる形で行われる。失われたり，ダメージを受け
たりしている人を表象する他者は，心の中でも外的現実の中でも大切にされる。
このプロセスをクラインは「償い」と呼んだ。

　この章では，まず次の問いから始めよう。「こういった回避的な防衛や償いの
方法にはどんな効果があるのだろう？」

　喪失の痛みは激しい苦しみであり，クラインはそもそも「思い焦がれる(パイニング)」と
いう感情に訴える言葉を使っていた。彼女はちょうどその頃，息子との悲劇的
な死別に苦しんでいた。論文を書く中で，情緒的にもその作業に没入したに違
いない。実のところ，クラインの専門家としての仕事は，彼女個人のグリーフ
ワークの一部だったと言う人もいる。

　死別の悲しみへの対処として，最初にあらゆる感情の麻痺が起こるのが典型
である。それに加えて，現実が信じられないかのように，愛する人が隣の部屋
にいるのではないか，ドアから入って来るのではないかと見たりするようにな

る。愛する人が突然「そこにいて」びっくりするという，ほとんど幻覚とも思えることも起こる。メラニー・クラインの理解によれば，この幻覚に近い体験は，内的世界からの衝撃によるものである。そのような場合に人は，外側にある現実がどのようなものであれ，自分の内側に，愛する人の生きた姿を出現させるのである。死別の極端な例では，愛する人に対するこの内的な現実が，知覚に影響を与え，実際に「見える」ようになってしまうことがある。それは，夢が，あたかも外的現実かのように内的現実を現出させるのと同じである。

　このように外側の世界を決定的に取り替えてしまうことは明らかに極端な例ではあるが，精神病や統合失調症を持つ人が，人生が夢によって作られているかのような幻覚を見るときのより極端な状態と共通している。しかし，私たちの多くは，現実世界は実際には自分が見ているようなものではないと意識的には気づいている。「ただの気のせい」と自分に言い聞かせることもあるだろう。私たちの多くは，このようにダブルチェックするという通常の能力を維持していて，喪失の事実を知ることの激しい痛みに引き戻される。外的現実と矛盾した非現実を「見ている」（あるいは，内側にある心的現実を見ている）とき，それは否認と呼ばれるプロセスを伴っている。それは現実の否認であり，精神病状態の特徴でもある。

躁うつ（双極性）障害

　私たちの感情や世界の本当の状態を否認することは，現実を受け入れることを避けるための共通の手段である。それは，外的世界での喪失だけでなく，内的現実も回避することを意味している。私たちは，心の中で空虚感を経験し，ときに愛する人の不在を，私たちに意図的に不満を与えようとする存在として感じる状態に引き戻される。この状態を，私たちは，欲求不満を与える悪い対象についての早期の感覚であると述べてきた。これから見ていくように，そうした引き戻しは，内的現実とその枯渇の回避である。

　クラインは抑うつ状態だけでなく，躁状態を理解することにも関心を持った。そして否認は躁状態の中心的特徴であると理解した。心の内的状態においては，否認はとりわけ喪失の否認のことである。愛する人との関係の否認である。特にそこでは，「もしあの人が傷つけられ，死んでしまっても，誰がそんなこと気にすると言うんだ？　私にはどのみちあの人は必要ない」と自分自身に言い

聞かせる，ある種，自分自身へのプロパガンダのようなものが行われる。これは，自分にとっての必要性を否認する躁的な方略であり，外的世界にいる他者へのどんな依存も否認する方略である。

躁の絶頂時の状態にある人は，他者にも，普通の社会的儀礼にも，お金の価値などに対しても全く関心を払わない。その状態は，勝利に浸っている状態である。それは実のところ，人に依存することや，お互いに必要とし合うことに対する勝利である。実際には私たちは人に頼ることなく生きていけない。このような人に頼るという外的表現は，強く支えてくれる人物が心の中にいる必要があるという内的体験を，外の世界へと外在化したものである。私たちは，自分を愛してくれて，必要なときやストレスを感じているときに頼れるような強い支持的な人物が心の中にいる必要がある。前章で見たように，そういった人物の喪失は，外的世界での喪失によって生じるだけでなく，私たちが愛し必要としている人を攻撃をして傷つけたという無意識的空想が強力に働くことによって生じる。

このように勝ち誇った状態は，「万能感」と呼ばれる。万能感を持った人は，他の人の手を借りずに自分自身で「なんでもできる」力を持っている。この状態には，「理想化」という自分自身への態度が含まれている。私たちは，自分自身の中に理想を持っている。さらに，困難な時期に自分を支えてくれる心の中のよいものが失われたり，傷つけられたりすると，自己の理想化が引き起こされる。こうした自己の理想化が起こっているとき「全く傷ついてもいないし，死んでもいない。実際に完璧なんだ。その完璧さは自分の中で具現化している」と言うかもしれない。錯覚に基づいた理想は失われることがなく，自分自身が理想となる。そのとき私たちは，理想的で完璧な対象の万能の力と自分自身を同じものだと感じている。それは全くもって大勝利である。

こうした防衛の集合体は躁的防衛と呼ばれ，そこに「万能感，否認，理想化が含まれており，アンビヴァレンスと密接に結びついている」（Klein, 1940, p. 131）。そのような状態のいくらか穏やかな形態（軽躁状態）は，日常生活でも珍しいものではない。たとえば，運動会で競争に勝ったり，仕事で昇進したりしたときなどに，そういった状態は見られる。これらは外的な出来事があって，それによって，一部の人に，時によってはあらゆる人に，わくわくするような比較的純粋なスリルが与えられる。しかしながら，そういった状態も，（双極性）感情障害によるもっと重篤な混乱状態と連続性を持っている。

　より深刻な状態には，特有の**内的**安全感の欠如が特徴として見られる。クラインは次のように述べている。

　　正常な喪と，異常な喪や躁うつ状態との間の根本的な違いは，次の通りである。躁うつ状態にある人と喪の作業に失敗した人とでは，それぞれ防衛の仕方は大きく違っているものの，共通するのは，両者とも早期の乳児期に内的な「よい」対象を確立し，内的世界を安全なものとして感じることができなかったことである（Klein, 1940, p. 163）。

　ここまで見てきたように，私たちすべてにとって不可欠なよさを心の中に感じる能力は，外的世界での実際の死別などの困難に直面している時には，揺さぶられるものである。その動揺は，私たち皆が持っていると知っている，悪い感情や破壊的な感情を恐れることから生じる。よいものに向けて，攻撃性がいわば「漏れ出る」ことは，私たちの内的な安全感を強烈に脅かすものとなる。

被害妄想へと逆戻りすること

　抑うつの極では，アンビヴァレンスを伴う罪悪感による抑うつ的感情を扱ったり，それを乗り越えたりすることはできない。そこでは，よい方向に一歩踏み出すことへの拒絶（あるいは不能）があり，授乳する母親と欲求不満にさせる母親という二つの対象が同一の存在であると認めることに対する拒絶がある。アンビヴァレンスは回避されるが，その代償として現実の歪曲が起こる。
　1935年に抑うつポジションについて記述したとき，クラインは，「妄想ポジション」と比較対照させて論じた。これについては，妄想ポジションとは名づけてはいないものの，彼女はかなり前に記述しており，よい対象と悪い対象への両極性があるのが特徴であるとしていた。先に言及した理想化の要素は，そういった両極性を示している。すなわち，一方の極には，よい対象とその愛による支持の必要性，他方の極には，破壊的な悪い対象に対する憎悪や恐れがある。
　対象を完全によいものと悪魔的に悪いものとに単純に分割することと，抑うつポジションにおける，よい愛情深い対象を攻撃するという不安に満ちた空想が「演じられる」内的世界とは，大きくかけ離れている。クラインは，よいと

悪いとに単純に割り振るやり方に逆戻りするという，抑うつ不安に対するこのような（被害妄想的な）回避が，子どもの遊びにさまざまな形で見られることを見出した（Klein, 1932）。たとえば，大人でもよくあることだが，「悪い」母親が人生のスタートをダメにしたので人生において何かが足りないという感情を持ち続けている子どもがいる。その母親に向けた感情（気遣い，後悔，寛容さなど）は，自分に対する憐みへと変質してしまい，そうすることでアンビヴァレンスや罪悪感を抱くことを回避する。抑うつポジションにおける躁的防衛に代わるこの防衛手段は，外的世界に見られる悪い対象を強調し，不満の訴えを容易に正当化する。犠牲者であることへの不満は，愛し必要としている人へと向かう攻撃性を自分のものとして認める際の痛みの感情と，うまくすり替わってしまう。不満は，世界が自分に敵対していることである。この様子については，コンサートチケット売り場の例を思い出してもらいたい。こういった人は，自分のせいではないのにひどい目に遭いつづけており，賠償してもらう権利があると訴える。こうしたことはなじみ深いし，実際に人生において本当に不運に見舞われている人も中にはいるのであるが，彼らの内的世界の悲惨な状況についてそれはもっとあてはまるのである。彼らは，内的世界において自己を安定させ支えるのに，誰かよい対象からの助けを必要としている一方で，自分が自身のわるさで一杯になっているように感じている。これは抑うつポジションから離れ，よい対象にダメージを与えたことに対する恐怖から距離を置いて，内的世界にあらゆる安心を破壊する悪い対象がいるので，それに対抗するためにより被害妄想的な援助の求めに逆戻りする動きである。（この被害妄想については，第Ⅲ部でさらに検討する。）

回復力，償い，昇華

　うつ病を発症したり，双極性障害を発症したりする人がいる一方で，より回復力があって発症しない人もいる。この回復力とはどういったものなのだろうか？　あるいは，どういった形で見られるものなのだろうか？
　躁的防衛や被害妄想的不満への逆戻りは，抑うつ不安に対処するための唯一の手段ではない。おそらくもっと手のかかる地道な別のやり方がある，とクラインは考えた。その別のやり方とは，自分が与えたダメージや喪失に対する抑うつ不安に向き合うことである。精神分析家は，最悪なものに向き合うこのプ

ロセスを表すのに「ワーク・スルー」という用語を使っている。この場合，簡単に言えば，ワーク・スルーは，「もしダメージを与えたり，死なせてしまったりしたのなら，たとえ十分なことができなくても，それを元に戻すために何かしなければならない」ということである。このようなアプローチが発達の中で採用されると，抑うつ的な罪悪感は，二つの形で展開する。最初それは，犯した罪や与えたダメージは罰せられるのに値すると思うことから始まる。一方，この発達プロセスの対極のあり方は，事態を元に戻すためにやれるだけの努力はしなければならないというものだ。これが，「目には目を」のアプローチと，贖罪のアプローチとの違いなのである。

　傷つけられた者への償いは，内的世界の中でなされる。そこには，その個人の内側にあるさまざまな感情を再建しようとする努力も含まれる。さらに，必要としている親しい人と自分との関係の中にある「よいもの」と「悪いもの」をできる限り正確に認識することも含まれる。普通の言い回しで言えば，「自分がいかに恵まれていたかよく考えなさい」ということである。ただ，私たちが考えている無意識のレベルでそれをすることは，言うは易く行うは難しなのである。外の世界での他者（あるいは物事，たとえば，地球のことや気候についてなど）に対してなされる努力も重要である。外的世界において，人に思いやりを示して償いをすることは，傷つけられ苦しみ，あるいは死んでしまったと信じられている内的対象に対する償いの代わりとなる。精神分析も含め，ケアの専門職を選ぶ人は，自分が傷つけたと思っている人の身代わりに対して償いをするためにその仕事を選んでいることもある。それが，その人にとって長年の問題であることもあるだろう。たとえば，子どもの時に親が死んだり，病気であったりした場合である。その場合，親の病気は，精神的な病気あったり，かなり長期に及ぶうつ病であったりしたのかもしれない。たとえば，母親が出産後に，さまざまなホルモン変動があり，家族の再編成があったりして，「6週間ブルー」と呼ばれる状態になる場合はよくあるが，年長の子どもは，母親の低調な気分に敏感に反応し，以前の姿に戻ってもらうように手助けする必要を感じるかもしれない。

　これらの物語は，無意識的空想のドラマから生まれたものであるが，外的世界で実演される。内的な償いの衝動は，その状況が外的世界において象徴化されうるので，実際にリアルなものとして感じられる。これらの空想から生じる内的な要請は，他者と実際に生きていくことへと動機づけるだけでなく，その

内的ドラマが，文学やドラマや音楽，そして芸術全般を通して別の形で表現されることがある。無意識的空想のドラマが内的にワーク・スルーされていく様子が，このように美的に表現されることは，それ自体が創造性の一形態だと言える。

　人間は，抑うつ不安の衝動や償いへの衝迫によって，創造的な仕事やケアの仕事に向かうように動機づけられている。しかし，この最後の点に関連して言えば，表現したり象徴化したりする経験自体に私たちは喜びを見出すようである。フロイトは，それを昇華と呼び，本能エネルギーが運動による発散から，巨大な脳の進化によって可能となった純粋に知的な活動へと方向を変えることと考えた。昇華は，遊びの一形態である。つまり関心のある対象を，別の対象で置き換えることなのである。フロイトは，昇華について次のように考えた。すなわち，本能エネルギーはとりわけ流動的であり，関心のある新しい対象に向きを変えることができる。そのため，文明，文化，象徴体系，美的感覚といったものが由来する源泉のひとつである，と。

　クラインが，このことをフロイトのようにエネルギーの観点から考えることはなかった。むしろ，愛する重要な人への心配と，その人たちとともに困難な状況を生き延びたいというニードに由来すると考えた。クラインの見解では，代理に置き換えることは，破壊的攻撃性への強い恐れが，内的な，愛する支持者へ向けられるかわりに，（i）重要性が低い他者へ，そして（ii）外的世界の他者へと向きかえられる動きである。

　このように，困難な状況は，結果として，二種類の創造的取り組みをもたらす。ひとつは，償いの必要性であり，もうひとつは代理満足／昇華への動きである。

まとめ

　攻撃性と罪悪感を扱うための非常に早期からの取り組みは，幼い未熟な自己／自我にとっては大変苦痛なことであり，そのため成熟した大人であっても，さまざまな葛藤や罪悪感や不安を避けるようになるのは無理もない。その痛みが取り扱われる特定の方法がある。回避するという方法もあるが，「償い」を通じてワーク・スルーするというより成熟した形の方法もある。

　クラインによる抑うつポジションの理論展開は，画期的なものであった。とはいえ，そのいくらかは彼女の個人的な悲劇から生まれたものだった。もしも，喪と抑うつの再検討の要請がこれほど破局的に侵入してこなかったとしたら，クラインはどの方向に向けて仕事をしていたのだろうか？　実際に彼女は10年くらいしてからその問題に立ち戻った。第Ⅲ部では，クラインのさらにラディカルな論文を検討していこうと思う。

第Ⅱ部のまとめ

　1935年までに，メラニー・クラインは明瞭に自分自身の道を歩み始めていた。彼女はそこで，「ポジション」と呼ぶもの，すなわち抑うつポジションを記述した。抑うつポジションにおいて，私たちは，他者のよい面や悪い面をなるべく冷徹に見極めて関わろうと試みる。これまで見てきたように，それは他者を**全体的な**人として評価しようとする取り組みであり，正確に知覚しようと格闘するだけでなく，なによりもそういった知覚への自らの反応と格闘する。それは，他者のよさと悪さに直面するというより，むしろ，よいものへの衝動と悪いものへの衝動が自分自身の中にあることに直面することを意味する。それは，簡単に逃れることのできないアンビヴァレンスである。

　抑うつポジションは，リビドー段階とは異なる。それは自我がある対象との特有な関係の中に置かれている心の状態である（対象という言葉は，心の中の対象イメージと，外的な実際の人物の両方を表している）。この状態では，固有の不安が生じ，それに対するさまざまな固有の防衛がなされる。

　妄想ポジション（と妄想・分裂ポジション）の発展についてさらに説明する前に，ここでは抑うつの恐怖と被害妄想性の恐怖とを比較した部分を引用してみる。

> 　非常に単純化して言えば，抑うつポジションにある人は，愛する対象に与えたダメージについて気遣い，心配している。それは外的現実においても，心の中においても，である。（中略）一方で，妄想・分裂ポジションにある人は，自分自身に対して，つまり自分自身の安全に対して不安を感じている。このように抑うつポジションにおける不安は罪悪感と結びついており，一方で，妄想・分裂ポジションにおける不安は迫害と結びついている（Roth, 2001, p. 33）。

　クラインにとって，抑うつポジションにおけるアンビヴァレンスの緊張に持ちこたえることは，誰もが直面する人間の基本的なジレンマであった。誰もがと言うより，ほとんど誰もが，と言った方がいいだろう。実際は，ある程度の

成熟に達した人だけが直面できるのである。

　これまでの章から，「抑うつ的」という言葉が，愛する物や人を失う恐怖，そしてしばしば非現実的なほどの責任を実際に感じることを指すことがお分かりいただけただろう。抑うつポジションは，知覚したとおりの現実に向き合う態度である。事実，その心の状態は，フロイトの現実原理に対応している（Freud, 1911b）。抑うつポジションは，現実世界をこのように最優先して尊重することを意味するだけでなく，内的世界での愛の感情と攻撃的な感情の動きの現実を尊重することを意味している。とりわけそれは，他者を自分と同じようにさまざまな面を持った全体的な人として捉えようとする試みである。

　抑うつポジションという概念を検討していくと，それが現実を知覚する能力によって強く支えられた，発達上のひとつの達成であることがわかる。とくに，よい‐悪いという二分法による単純化を超えていく能力によって支えられている。心の最早期のプロセスは，対象と自己のよさと悪さをめぐる，痛みに満ちた作業であるように思われる。その理由は，これまで見てきたように，自己（自我）は自分の内側にある対象のよさを組み込むことで増大するものだからである。ある程度の自分への満足や自己への信頼は，そういったプロセスの結果である。それは，よい内的対象自体を安定させ守るのに必要となるだけでなく，自己が生き残っていくためにも重要なのである。

　母親やその乳房は，空っぽのお腹を満たし，そこによい感覚をもたらすという意味でよいものである。それだけではなく，愛されているという経験は，母親／乳房という対象がよい感覚を与えたいと思っているという感覚を含んでいる。物理的なミルクや食事とともに摂り入れるのは，母親の良性の愛でもあるし，よいものや命を与えたいという母親の願いでもある。そういった経験もミルクと同じくらい摂り入れられるのである。赤ちゃんはミルクでお腹が満たされているだけでなく，心が喜びに満たされている。喜びは，よいものを自分の内側に実際に持っているという赤ちゃんの感覚である。専門用語を使うと，ミルクは（お腹の中と同様に）心の中のよい内的対象となる。そして，自我がそのよさと自分自身を同一化し，ミルクと同様に自分自身をこの上なくよいものと感じる。その後，よい内的対象が傷つけられたり破壊されたりすると，それに同一化している自己（自我）も同様に脅かされ，ダメージを受ける。そこにはある程度の脆弱さ，あるいは脆弱感がある。

　クラインの記述は，常に心理学的発達に関連している。それは，初期の子ど

もへの関心に由来するが，同時に，彼女が精神分析の世界に足を踏み入れたと
きに，精神分析の内部に重要な発達があったことにも由来している。そのころ
フロイトは幼児期の発達に関心を持ち，『性欲論三篇』（1905年から1924年）を
出版し，改訂を重ねながら自分の発見を発表していた。発達心理学としての精
神分析へのクラインの貢献は，対象関係の二つのポジションにおける不安に，
これまでと異なる強調点を置いたことであった。抑うつポジションは，成熟す
る中で，別のより原始的なポジションとの間を行きつ戻りつする。それに伴い，
世界の現実への注意は変動していく。抑うつ的であったりするときもあれば，
被害妄想的であったりもする。アンビヴァレンスを避けてよい／悪いの単純な
二分的世界に向かってはふたたびアンビヴァレンスに戻ったりする。第Ⅲ部で
は，このもうひとつのポジションに目を向けていく。

さらなる読書のために

Abraham, K. (1924) Short study of the development of the libido. In Abraham, K. (1927) Selected Papers on Psychoanalysis. London: Hogarth.　下坂幸三訳（1993）心的障害の精神分析に基づくリビドー発達史試論．アーブラハム論文集――抑うつ・強迫・去勢の精神分析．岩崎学術出版社.

Isaacs, S. (1948) The nature and function of phantasy. International Journal of Psychoanalysis 29: 73–97.　一木仁美訳（2003）空想の性質と機能．対象関係論の基礎（松木邦裕編・監訳）．新曜社.

Segal, H. (1973) Introduction to the work of Melanie Klein. London: Hogarth. 岩崎徹也訳（1977）メラニー・クライン入門．岩崎学術出版社.

Hinshelwood, R. D. (1991) A Dictionary of Kleinian Thought. London: Free Association Books.　衣笠隆幸総監訳（2014）クライン派用語辞典．誠信書房.

Hinshelwood, R. D. (1994) Clinical Klein. London: Free Association Books.　福本修，木部則雄，平井正三訳（1999）クリニカル・クライン――クライン派の源泉から現代的展開まで．誠信書房.

Bronstein, C. (ed.) (2001) Kleinian Theory: A Contemporary Perspective. London: Whurr.　福本修，平井正三監訳（2005）現代クライン派入門――基本概念の臨床的理解．岩崎学術出版社.

Spillius, E. B. et al. (2011) The New Dictionary of Kleinian Thought. London: Routledge.

第Ⅲ部　どのくらい狂うことができるのか？

　前章で検討した1935年の論文の後，クラインの見解は批判に晒されるように
なった。当時の批判の多くは，（記憶の中の単なる表象という考えと対立する）
内的対象という考えが把握しにくいことから発していた。しかしながら，考え
を明確にすることを求めるというよりも，積極的に反対する者もいた。異議を
唱える者の中のひとりが娘のメリッタ・シュミデバーグだったことで，クライ
ンは非常に心を痛めた。息子のハンスの死ほど破壊的ではなかったが，メリッ
タの「背信」は，分析家団体の中での深刻な心変わりを表していた。メリッタ
はこの件に関して，当時の彼女の分析家であり，英国精神分析協会の有力な会
員のひとりでもあったエドワード・グラヴァーの支持を得ていた。1938年にナ
チスの侵攻のためオーストリアから逃れてきたフロイト一家が英国に到着した
ことで，批判はさらに高まった。アンナ・フロイトは，子どもの分析への適切
なアプローチをめぐって，クラインと10年近くにわたる論争を繰り広げてきて
いた。

　最終的に，英国精神分析協会は，1943年から1944年にかけて18週にも及ぶ公
式の論争の舞台を用意した。その論争の場でクライン派は，彼らの新しい理論
を「異端」と考える分析家に対し，正当性を示すことが求められた。この論争
は，フロイト−クライン大論争としてよく知られており，精神分析の異なる学
派間で真剣に話し合われた数少ない機会のひとつとなった。この論争によって，
多くの対立点が明確になったが，和解には全く至らなかった（King & Steiner,
1991）。

　多くの仲間を失いはしたものの，クラインが思いとどまることはなかった。
その代わり，この知的闘争から，1946年の論文に発表する新しい概念が生み出
された。それは彼女が分裂メカニズムと呼んだものについての深い探究の結果
であり，「妄想・分裂ポジション」という新しい概念が，抑うつポジションと
並んで置かれることとなった。乳児の早期発達の中では，妄想・分裂ポジショ
ンの方が先行しており，その後に抑うつポジションが始まる。

　結果として，彼女の近くにいた弟子たち（著名な分析家に，ハーバート・ローゼンフェルド，ハンナ・シーガル，ウィルフレッド・ビオン）が緊密なグループを形成し，クラインが公式化した分裂（スキゾイド）メカニズムによって，統合失調症やそのほかの精神病状態の精神力動がどれほど明らかとなるか，探究が進められた。この取り組みは，クラインが亡くなる1960年まで続けられた。同僚や弟子とこの作業に取り組んでいる最中に，クラインはさらにオリジナルな（かつ論争的な）貢献をした。1957年に，クラインは羨望という概念を導入したのである。しかし，これによって以前の支持者たちを取り戻すことはなかった。

　クラインが新しい発見を報告するたびに，論争や論戦が引き起こされた。羨望の概念もその例外ではなかった。大論争と分裂メカニズムに関する論文（Klein, 1946）の発表の後，彼女の「グループ」は人数が減り，多くの弟子を持つ一握りの同僚が残った。必然的にクラインのグループは，外から絶え間なく批判を受けるプレッシャーの中で，段々と内向きとなっていった。1990年代になり，クラインの考えのオリジナリティが，再び世界規模で強い関心を集め始めるまで，内向きの傾向は続いた。批判の詳細については込み入っているので，本書では言及しない。この第Ⅲ部では1960年までのクラインの分裂メカニズムの記述に集中しようと思う。

「ポジション」についての覚書

　フロイトが口唇期，肛門期，性器期など，リビドーの発達段階と記述するところを，クラインは「ポジション」と記述する。クラインは，ポジションという言葉によって，不安，防衛，対象関係が複雑に絡まった状態を表現する。ポジションという考えは重要である。私たちは常に，その時々の感情状態に応じて，世界や対象や自分自身に対して，二つの見方の間を行ったり来たりしているとクラインは考えた。これら二つの心の状態は人生を通じて少なからず揺れ動く。第Ⅱ部のまとめで論じた妄想・分裂ポジションと抑うつポジションの違いを思い出してほしい。抑うつポジションにおいては，他者，つまり（外的現実にも内的世界にもいる）愛する人に与えたダメージへの気遣いや心配がある。一方，妄想・分裂ポジションでは，不安は自分自身とその生存に対して向けられている。このように，罪悪感が抑うつポジションを特徴づけている一方で，迫害感が妄想・分裂ポジションを特徴づけている。より以前の段階に戻る

ことが通常不健康なことだと考えるフロイトの古典的な発達段階（第2章を参照）とは違い，クラインの場合，ポジション間の揺れは健常なパーソナリティであることと矛盾しない。

成　熟

とはいえ，どちらのポジションも成熟の過程の中で発達する。妄想・分裂ポジションの極端な状態は，通常，戦争の正当性を主張することよりも，寛容な敵対状態へと緩和されていく。いわゆる，意見の相違を認めるとか，あるいは，スポーツでよくあるように，より穏当な形態の競争に至るのである。もちろん，あるサッカーチームを応援することがいつでも穏当とは言えない。ときに，相手チームとの間で互いへの恐怖がふくらんで，サポーター同士が戦争のような喧嘩に逆戻りすることもある。ここまでみてきたように，抑うつポジションも成熟とともに発展する。非常に幼い頃の罪悪感はたいてい処罰的なものであることが多く，少なくとも人はそう感じる。しかし，より成熟すると，罪悪感は，ものごとをよくして，贖罪しようとする気持ちへとつながる。罪悪感と迫害感のさまざまな段階は，一生を通して揺れ動きながら展開していくものなのである。

第12章　自我の分裂
──なにが心の安定を乱すのか？

　ロンドンとウィーンの間の距離によって，クラインとアンナ・フロイトとの論争は緩和されていたが，1938年にフロイト一家がロンドン到着することで，もはや二人の間の意見の相違を和らげるものがなくなった。クラインの仕事に対する批判は建設的なものが多かったが，すべてそうだったわけではない。事

キーワード
■ 自我の分裂
■ 抑圧 vs 分裂
■ 投影同一化
■ 情緒的回復力

実，クラインがアブラハムの仕事を引き継ぎさらに分裂メカニズムへと関心を発展させると，批判は的外れなものになった。クラインは，自分が論争の渦中にいることが分かったことで，妥協することなく臨床的探究をさらに進めていった。前に見たように抑うつポジションは，自己感覚と自己の価値についての問題につながっていた。
　一貫したアイデンティティをめぐる，これらの問題をクラインはどのように概念化していったのだろうか？

　私たちはときに落ち込むことがあるが，誰もがうつ病になるわけではない。喪失体験からの回復が他の人よりも早い人もいる。喪失は，よい内的対象が失われるかもしれないという経験と心の中で共鳴しうるのである。すなわち，自我は，内在化されたよさによって，高められ豊かになったと感じるかもしれない。それが失われる恐怖が生じると，自己や存在の全体感覚が揺さぶられる。生活感と安定感を取り戻し，人生を歩み続けることができる人も多い。しかし中には，とても打たれ弱く，より強く打ちのめされてしまう人がいる。こういった（トラウマとなる）経験が積み重なると，よい感情のバランスが不安定となり，喪失への脆弱性が高まってくる。そういった人の場合，心の中の愛する

人が大きな絶滅の脅威にあると感じている。心の中の状態が，あたかも悪いものや自己を傷つけようとする対象で充満していると感じられているのである。

　メラニー・クラインは，こういった重要な内的プロセスが，重篤な気分障害の原因になる可能性があり，それとは反対に，満たされた内的状態が積み重なることで，そういった障害に対抗する回復力がつくと考えた。人が，脆弱性への道へと進んでいくのか，それとも回復力をつけていく道に進んでいくのか？それを決める要因は何であろうか？

心の統合

　抑うつポジションが生後 3 〜 6 カ月くらいの早期の段階で現れるということは，乳児はすでにふたつの可能性のうちひとつを展開させているにちがいないということがクラインには明確に思えた。ひとつは心の中のよい対象の極めて安定した感覚であり，もうひとつは，それが容易に揺らいでしまう傾向である。クラインはこの不安定にさせる要因を理解しようと努めた。彼女にとって，抑うつへの陥りやすさに先行する，自己とアイデンティティの混乱は重要な探究分野であった。クラインは，投影と摂取のメカニズムに，さらに二つのメカニズムを付け加えた。ひとつは「自我の分裂」のプロセスである。このプロセスは，安定した自己の経験の根幹に関わると思われた。自我の分裂について書かれたフロイトの論文（『フェティシズム』1927年）が提出された後，この形式の分裂について，議論が続いていた（後述）。クラインが公式化したもうひとつのメカニズムは，「同一化」の一般的なプロセスであり，特にその中のひとつの形をクラインは「投影同一化」と呼んだ。このプロセスが当てはまり，よく見出されるのは，メンタルヘルス上深刻な問題である統合失調症であった。

　このプロセスは，古典的精神分析との違いを鮮明にしている。古典的精神分析は，基本的な対処方法を抑圧のプロセスとする見解に則っている。抑圧は自己理解を避ける手段として，経験を心の無意識的領域に押しやる形でなされ，意識の上では常識的な見かけを与えるように構成された**合理化**などの形で補強される。学生が，自分は十分に知っているのでこれ以上復習する必要がないと意識的に自分に言い聞かせるかもしれない。しかし，電車に乗っている際に，無意識にあるかもしれないことが不意に思い浮かぶかもしれない。この学生は，自分には復習が足りないといくらかは認識していることになる。

自我の分裂排除機能

　抑圧とは異なる別の対処方法の探究を長く続ける中で，心が抑圧よりももっとラディカルに分裂される場合があることにクラインは気がついた（Klein, 1946）。経験や葛藤や不安がまったく消えてしまうが，その際に抑圧に典型的な代理物や代理表象の類はない。心が分裂しているとき，心の機能の一部も消えてしまうようだ。そこに空白のようなものが残される。例を挙げよう。

　　3カ月前に両親が離婚したある6歳の少年が父親の元を訪れたとき，まるで3歳の子どものように，部屋の隅でぐたっとした人形でぼんやりと遊んでいた。彼は食事に誘われたが断った。帰る時間になると，父親が愛情込めて彼を抱きしめるのを，されるがままに，ぐたっとしていて反応せず，母親の元へ連れ帰られるままにしていた。
　　父親のところに行く2日前にソーシャル・ワーカーが母親を訪問したのだが，そのとき母親はその子のいる前で，いかに父親がひどいことをしたかを感情的に話したということが後でわかった。

　これは珍しいことではないだろう。この子が父親のところに行くことは，以前は当然好ましいことであったし，父親とは積極的に一緒にいろいろ遊んでいた。ここで問題となっている日に，その子は父親に対して抱く相反する二つのイメージに直面することができなかったと言えるかもしれない。父親は彼と一緒に遊ぶことに関心がある愛情深い人であるのか，あるいは母親に対して憎しみに満ちた振る舞いをしていた邪悪な人なのだろうか，と。このような葛藤にどのように直面できるのであろうか？　この日，彼は直面することができなかった。そして，父親との関係はまったくの空白のようになり，心の状態は真っ白になってしまった。彼は，母親だけの子どもになっていた。父親を愛し一緒にいる能力は，根っこから消えてしまっていたのである。

　このケースでは，解決できない葛藤が，ただ葛藤の片方を消し去ることで処理されている。彼の自己の一部は，父親に対する母親の言葉を理解し，父親との情緒的つながりをすべて抹消することで対処したということである。これが分裂排除である。次のメルツァーによるコメントは重要である。

　心はひとつにはならない。心は自身を分裂する。そして分割された心それぞれの部分が（別々に）互いに関わったり，外部の世界と関わったりする，心の構成部分になる。その意味で，人は多くの別の人生を同時に生きることができるように見える（Meltzer, 1981, p. 179）。

　上述の幼い少年は，自らの心を分裂させ，愛情と生命力を感じる部分が失われたと感じるようになった。そして，彼は人形と同じようにぐたっとしていた。恐らく一時的にではあろうが，愛情と生命力を感じる機能を失ってしまっていたのである。家で母親と一緒にいる際には，別の人生を生きていた。

　集団の中では個人は心のある部分を一時的に中断するかもしれないことは昔から知られている。リンチをする暴徒からサッカーを応援する群衆まで，大規模な集団の中にいる個人が自身の持つ道徳的な部分を一時的に失うことはよくある。バフォードは，「……数が多ければ多いほど，法は存在しなくなる」（Budford, 1991, p. 64）と，集団の中での解放がいかに魅惑的であるかを述べている。一緒になって反社会的な行為や殺人的行為を行う群衆の一人ひとりは，他の場面では，責任感のある普通の市民たちなのである。彼らは，アルコールであっさりと「抑制が取れる」のと同じくらいに（実際，これら両者はしばしば混在する），集団になれば，道徳的良心を失うのである。

なぜ自我は分裂するのか？

　1940年代には，クラインだけが自我の統合や，それが崩れる様子に関心を持っていたわけではなかった。実際，自我はますますパーソナリティの脆弱な部分と見られるようになってきていた。精神分析の他の学派では，自我に特有の弱さが探究の的になっていた。古典的な枠組みに則って仕事をしている精神分析家のなかには，自我を二つの別方向に引っ張られて苦しむものとして見る人もいた。自我は，パーソナリティの中の実行部分である。自我は一方で本能（エス）欲求を取り上げ，それらが充足されるように努める。他方で，超自我の要請に応じて，社会的な分別や制限と調和する形でその充足がなされるようにする。自我には，必要とされる社会的適切さを満たし，求める結果を達成するために，相当な才能が必要とされるのである。

　クラインとは異なる見解もあり，その中に英国の分析家のエドワード・グラヴァーのものがあった。彼の見解では，そもそも自我は，異なる別個の部分，あるいは別個の自我核として生じる。それぞれの核は，視覚，聴覚，触覚など特定の知覚様態の周りに形成され，その後に核が集まって結合する，という考えである。その見解から考えると，授乳する母親と子守唄を歌う母親は，赤ちゃんには初め同一の実際の人物であると認識されない。のちに見られる傷つきやすさ，脆弱性，崩壊はどれも，原初の核がバラバラの状態への退行である，と考えられる。同様に，英国の分析家のドナルド・ウィニコットは，自我は，欲求不満を引き起こす対象関係の圧迫によって，容易にバラバラになってしまうものだと考えた。それは，早期の脆弱な状態へと退行することであり，その場合，周囲の世界がその状態に責任をもち，自我が適切にまとまるようにしなければならないと推測した。早期に自我に対して，これらすべてのプレッシャーが加わると，自我は弱いためそのプレッシャーに完全には対抗することができず，ストレスで崩れてしまうのである。

　しかしながら，クラインだけは，自我の分裂に関するこうした**受動的な**説明を退けた。そして，自我は能動的に自らを分裂するという自分の仮説の検討を推し進めた。苦境に置かれたとき，直面している物事に対処するためのよりよい資源が，自我には欠如している。そのため自我は自らを分裂するのだろうと考えた。この事態への反応は，一定量の攻撃性を自らに向けることであり，自分自身を二つ以上に切り分けることである。あるいは，統合失調症状態の場合は，多くの断片に自身を切り分けている状態であると言えよう（統合失調症の旧名称である「精神分裂病」は，まさに分裂した心である）。クラインは，能動的な自我の分裂のプロセスについて定式化したわけである。それは，自己に向けられた攻撃性である。ここでいくつか例を見ていこう。まずはクラインのある女性患者である。

　　ここで私が取り上げたい患者は，明確な躁うつ病のケースであり（複数の精神科医にそう診断されていた），この障害のあらゆる特徴を備えていた。抑うつ状態と躁状態の入れ替わりがあり，強い自殺念慮があり何度も自殺企図を繰り返した。そのほかにもさまざまな躁うつ病の特徴が見られた。分析を続ける中で顕著な改善が見られた段階に到達した。躁うつのサイクルは目立たなくなり，彼女のパーソナリ

ティと対象関係に根本的な変化が見られた。さまざまなことで生産的になり（躁とはちがう）実際に幸福な感情があることが感じられた。その後，外的環境もいくらか影響して，別の段階が始まった。この最後の段階は数カ月続いたが，そこで患者は独特の仕方で分析に協力した。患者は分析セッションにきっちり通ってきて，かなり自由に連想を話した。そして夢を報告し，分析に必要な素材を提供した。しかしながら，私の解釈に対して情緒的な反応はなく，その解釈をかなり軽蔑していた。（中略）この段階で見られた強力な抵抗は，パーソナリティのあるひとつの部分からのみ引き起こされているように思われた。同時に，別の部分は分析作業に反応していた。パーソナリティのいくつかの部分は私と協働しないばかりか，相互にも協働していないように思われた。その時点では，分析は患者の統合を助けることはできなかった。この段階にいる間に，患者は分析を終えることを決めた。この決定には外的な環境が強く影響していた。私が再発の危険を警告したにもかかわらず，彼女は分析の終了日を決めた。

　ある日，患者は次の夢を報告した。自分が目が見えないことを気に病んでいる盲の男がいた。けれども，彼は患者のドレスに触り，そのドレスのボタンがしっかりと掛けられているのを確かめることで気を落ちつかせているように見えた。夢の中のドレスは，首のところまでボタンが掛けられている彼女のワンピースを思い出させた。患者はさらにこの夢の二つの連想を語った。

　いくらか抵抗しながらも，彼女は，その盲の男は彼女自身だ，と言った。喉元までボタンで留められたドレスについて話が及んだとき，自分はふたたび「隠れ家」に隠れたのだと言った。私は患者に「あなたは，自分の病気の事実に目をつぶっていることを夢の中で無意識に表現しているように思います。そして，分析だけでなくさまざまな生活環境に対するあなたの決断は，あなたが無意識に知っていることとは調和していないように思えます」と示唆した。（中略）このように，無意識の洞察も，意識レベルでの協働（自分が盲の男であり，「隠れ家」に隠れたという認識）も，どちらも彼女のパーソナリティの孤立した諸部分に由来していた。実際，この夢の解釈には効果がなかったし，分析を終えるという患者の決意が，この時間内で変わることはなかった。(Klein, 1946, p. 106)

　例をあげると，その患者が明らかに深く落ち込み，自己嫌悪と無価値感で満たされていたときがあった。涙が頬を流れ，仕草には絶望が表現されていた。しかし，私がこういった感情を解釈したとき，患者は，自分は全くそういった感情を感じていないと言った。(Klein, 1957, p. 106)

　これらは自己の分裂の例であり，統合失調症ほどは深刻でない例である。

　次に引用するケースでは，患者の自己の一部が単純に失われてしまっている。患者が少し前まで格闘していた感情が，その時なくなっていた。その感情に何が起こったのだろうか？　そしてそれらの感情はどこに行ったのだろうか？

　　私が述べたいそのセッションは，患者が，自分は不安を感じているが，なぜだかわからない，と話すことから始まった。彼はその時，自分よりも成功した金持ちの人々と自分とを比較していた。彼の発言は，私にも向けられていた。非常に強い苛立ちと羨望と不満とが表に現れてきた。ここでは解釈の要点しか書かないが，私が患者に，その感情は私（分析家）に向けられていて，あなたは私を破壊したいと思っているのではないか，と解釈したとき，彼の気分は急に変化した。声のトーンが平板になり，ゆっくりとした，感情の起伏に乏しい話し方になった。それから彼は，自分がこの状況全部から引き離されている気がする，と言った。そして，あなたの解釈は正しいように思うが，なんの意味も持たない，と付け足した。事実，彼はもはやどんな願いも持てず，思い煩う価値があるものもなかった。
　　次に私は，患者の気分が変化した原因に焦点をあてた解釈をした。「私が解釈をした時，私を破壊する危険性があなたにとって非常にリアルなものとなり，そのすぐ後，今度は私を失う恐れが生じたのではないでしょうか」と解釈した。この患者とのある分析の段階では，そういった解釈の後に罪悪感や抑うつ感が伴うことがあったが，この時は罪悪感と抑うつ感を抱く代わりに，患者はある特定のやり方での分裂によって，これらの危険に対処しようとした。これまで知られてきたように，患者は，アンビヴァレンスや葛藤，罪悪感のプレッシャーの下で，しばしば分析家の存在を分裂させる。すなわち，分析家はある瞬間には愛され，別の瞬間には憎まれる。あるいは分析家との関係が分裂され，分析家の方がよい（あるいは，悪い）人物になり，ほかの誰かがその正反対の人物として留まるようになることもある。これは，上述のケースでこの時に起きた分裂ではなかった。この患者は，このとき，自分自身つまり自我の一部を分裂排除したが，その部分は，危険であり，分析家に対する敵意に満ちていると感じられる部分であった。彼は，自身の破壊衝動を対象から自分の自我に向け変えたのだが，その結果，彼の自我のいくつかの部分は一時的に存在を消してしまった。無意識的空想において，この事態はパーソナリティの一部の絶滅に相当する。破壊衝動を自分のパーソナリティの一部分に対して向ける特殊なメカニズムと，そこから派生する情動の分散によって，この不安は潜伏状態にとどめおかれたのである。
　　このプロセスを解釈したことで，再び患者の気分の変化が引き起こされた。彼は感情的になって，泣きたいくらいに落ち込んでいる，と言った。しかし先ほどよ

りも統合されているのを感じていた。その後，彼は空腹を感じているとも言った (Klein, 1946, p. 107)。

　クラインは，この分裂メカニズムのことを新しいレベル，あるいは「より深いレベル」と呼んだ。それは，抑圧という防衛メカニズムによって特徴づけられる神経症のレベルの下にある。その深いレベルの層は，不安の特徴によって際立つ。それは自己／自我の命運にまつわるレベルの不安なのである。神経症レベルでは，不安は葛藤にまつわるものであった。それは，比較的安定した自己の内側に，完全に包摂されうるものであった。

　この種の地質学的構造については，古典的指向を強く持つ分析家と激しい議論がなされてきた。彼らによると，神経症的／抑圧的レベルで記述された現象はもうそれで十分であり，そこに下位のレベルを付け加えた公式化をする必要などない，というものだった。単純化して言うと，クライン派の分析家はより深いレベルの分裂を強調した。一方で古典的な分析家は抑圧を強調した。それらの強調点の違いは，特定の精神分析学派の目印となった。不運なことに，古典的分析家の言う抑圧と，クライン学派の分析家が言う自我の分裂とは同じものであるのかを判別するような本格的な比較研究はあまり行われなかった。つまり，反目するグループによって同じものがただ単に違った言い方がされているのかどうかを調べる研究は少なかった。

何を分裂させるのか？

　実際，クラインによる自我の分裂の記述にはいくつかの疑問が生じる。まず初めに，解釈を無意識的には有効であると認識しつつ，意識的には分析を中断した女性の例だが，なんらかの洞察を無意識に抑圧した例とも言うことができる。クラインは，なぜ分裂のメカニズムという新しい概念を強調する必要があったのだろうか？　クラインは十分にその正当性を検証することなく，新しい発見の領域に突き進んでいるだけということもありうる。

　クラインは，抑圧と分裂を簡潔に比較している。

　次の夢には，抑うつ感情の痛みによって，統合のプロセスが揺さぶられる様子が見られる。患者は共同住居（フラット）の上階にいた。彼の友人の友人であるＸが，通りから一緒に散歩しようと呼んでいた。患者はＸの誘いに応じなかった。というのも，部屋にいる黒い犬が外へ飛び出して，車に轢かれることがありうると思ったからだ。彼はその犬を撫でた。彼が窓から外を見たとき，Ｘはすでに「立ち去った」のがわかった。

　患者のいくつかの連想から，その共同住居が私が住む住居と結びついた。そして黒い犬は，私の黒い猫と結びついた。その猫のことを患者は「彼女」と呼んだ。Ｘは患者の同級生だったのだが，患者は彼のことを好きだと思ったことはなかった。患者はＸを，物腰は柔らかだが胡散臭いと描写した。Ｘは（後で返しはするが）よくお金を借りた。その際にさも貸してくれて当然であるかのような態度をとった。しかしながら，Ｘは，専門職についていて，そこでは優秀だった。

　患者は，「彼の友人の友人」が彼自身のひとつの側面であると認識した。私がした解釈の要点は，彼がだんだんと自分のパーソナリティの中にある不快でぞっとするような部分に気がつくようになってきている，というものだった。犬 - 猫，すなわち分析家への危険というのは，Ｘによって轢かれる（つまり傷つけられる）という危険のことだった。Ｘが患者に一緒に散歩に行こうと誘ったが，それは統合に向けて一歩進んだことを象徴化していた。この段階で，希望に満ちた要素が連想を通して夢に入り込んでいる。それは，欠点があるにも関わらず，Ｘは仕事の上ではよくやっていることがわかったという連想である。夢の中で接近した彼自身の一側面は，以前の素材と比べて，それほど破壊的でも羨望に満ちてもいない。それは，進展の特徴でもある。

　この患者の犬 - 猫の安全に対する懸念は，Ｘとして表象された自分自身の敵意や貪欲さから分析家を守りたいという願いを表していた。また，そこから既に癒えていた分裂の裂け目が一時的に広がることにつながった。しかしながら，彼自身の拒絶された部分であるＸが「立ち去った」とき，それは，Ｘが完全にいなくなったわけではなく，統合のプロセスがほんの少しの間，妨害されただけだったことを表していた。その時の患者の気分は，抑うつ感に特徴づけられていた。そこでは，分析家に対する罪悪感と，分析家を保護したいという願いが，際立っていた。この文脈で，統合の恐怖は，分析家は患者の抑圧した貪欲さや危険な衝動から守られなければならないという感情によって，引き起こされている。彼が今でもパーソナリティの一部を分裂・排除しているのは疑いないが，貪欲さと破壊的衝動の抑圧はより目立つようになっている。したがって，解釈は，分裂と抑圧とのどちらも取り扱わなければならなかったのである（Klein, 1957, p. 227）。

　抑圧と分裂を区別する基準は，抑圧の場合では，代理となるイメージが現れる。たとえば，分析家を危険に陥れる自分の攻撃的な部分が，「友人」イメージに代理されたりする。一方，分裂の場合はそれとは違う。分裂には代理物が含まれず，自分自身の一部が消失する。この消失は，立ち去る友人によって指し示される。そこでは，自分自身の一部がより一層自分自身から遠ざかっている。

　こういった（しばしば夢に見られる）代理形成を伴う抑圧と，心の機能の撹乱を伴う分裂との区別は，より本格的な比較研究の結果に示されている（Hinshelwood, 2008）。

　これから述べるセッションの前のセッションで，この女性患者は分析家の解釈に怒りを感じて終わっていた。その解釈というのは，患者が分析家と一緒にいるときに感じる慢性的な惨めさは，患者が積極的に掘り返しているところもあるのではないか，というものだった。

　　患者はこの日のセッションを次のように言って始めた。昨日ここを出た後，ある女性が男性と激しく口論しているのを見た。女性はベビーカーに幼い子どもを乗せていた。患者は，その路上での喧嘩の傍観者になっている感覚を描写した。彼女は自分がどうするべきか考えて混乱していた。喧嘩の二人は，実際に相手に掴みかかるのではないかという様子であった。

　　私は，彼女が前日のセッションから帰るとき，私に対して怒っていたことを思い出した。私はこう言った。「あなたが私の家の前であった敵意に満ちた口論について話したかったのは，そうすることで前のセッションの終わりに私に対して敵意を感じ，外へ出ても引きずっていたことを扱うためだと思う。あなたのとてもフレンドリーな態度から感じるのは，辛い感情や私に対する敵対的な応答は，おそらく即座に，意識から消えてしまうのだろうということだ。前のセッションの終わりに感じた私に対する相容れない反応を思い出すのも，あなたには本当に難しいように思う。」ためらいながらも彼女は，「ああ，惨めさについて，あなたは言っているのですね」と言い，静かに考え込んだ。

　　ここまでのところ，患者は敵対的な関係の話をしていたのだが，それは路上での出来事に置き換えられていた。それは遠く離れてはいないものの，彼女から切り離したこととして示されていた。患者はこのとき敵意について述べたのだが，それは

少し距離を置いた，代理の表象を示唆するものだった。昨日の帰りにたまたま出会った喧嘩によって，患者は自分の私に対する感情を抑圧することができたのだが，その時の感情はここで切り離された形で再現された。私の解釈は，妥当であり，昨日，そして今日私のところに戻ってきた時の，彼女の苦痛を認識するのに役立ったと思われた。仮にそうだとすると，この患者が抑圧（私への怒りが意識されなかったこと）を作動させており，敵意を表すのにちょうどよい「代理」（まったく別の二人の間の喧嘩）も使っていることが見て取れる（Hinshelwood, 2008, pp. 512-513）。

　自分の怒りを思い出そうと患者は考え深げな態度になったが，それは「解釈への応答」を示していると考えられる。そしてそれは，彼女の内側でその状況に似た何かに触れたという確証であると見なしてよいだろう。すなわち，患者の考え深げな様子は，痛みを伴っているものの，本物の洞察が起こっていることを示していると考えてよいだろう。

　それから私は言った。「今あなたは昨日のセッションの終わりのことをなんとか思い出そうとしているのだが，それはとても難しいようだ。なぜなら今日ふたたびこの部屋で，私への敵意ある感情を表に出す危険をあえて冒すことになるから」と。
　この解釈に対して，患者は1分間ほど黙って動かなかった。そして，困惑して手を眉毛のところに持っていった。諦めたようにため息をつき「それって，地雷原だわ」と言った。彼女がなんらかの困難の中にいると感じていることは確かだったが，私が彼女に敵意を無理に思い出させようとしていると感じているようでもあった。私には彼女が言ったことがどういうことなのか正確にはわからなかった。患者は黙っていたし，私に教えてもくれなかった。そこで私は尋ねた。「あなたが感じていることが，地雷原だということですか？」もう数分間沈黙があり，最後に彼女はつぶやいた。「私はそれを切り刻んでしまったので，あなたが言っていることがわからない。シュレッダーにかけられてしまった」（Hinshelwood, 2008, p. 513）。

　この素材を選んだのは，先に引用したメラニー・クラインの臨床例での出来事にかなり近い素材だからである。クラインのケースでは，男性患者は，分析家への悪い感情を解釈された後，頭が真っ白になり，不満や羨望や腹立ちが失われた。私の患者の場合，始めは抑圧という方法を使った。たまたま出会った

路上で言い争う二人が，自分自身の悪い感情を代理するイメージとなった。その後，他の方法が取られた。彼女は感情をなきものにし，その感情とともに自分の心を認識する自我の一部をなきものにし，自身の内的世界と考えをなきものとした。なくなってしまったものを表象する代理の考えももはやなくなり，わずかに何かがなくなった感覚だけが残った。これは非常に異なる種類の「表象」である。まず，代理を通して「悪い」内容が表象されたが，次の瞬間には，患者の心を完全に不活性化するプロセスの表象だけが残ったのである。

　この点で，分裂が，抑圧と混同することのできない，異なるメカニズムであることが明らかである。葛藤に根ざし，抑圧という防衛によって扱われる不安を伴う神経症水準が一方であり，分裂という原始的メカニズムを含んだ防衛によって保護される，自己／自我の絶滅にまつわる不安を伴うクラインの言う深い水準が確かにあるように思われる。

　もちろん，不安があれば必ず抑圧や分裂といった防衛をするわけではない。不安を避けるのではない別のプロセスも作動する可能性はある。それは，フロイトがワーク・スルーと呼んだプロセスである。この場合，不安を防衛したり，避けたりするのではなく，直接向き合うのである。ワーク・スルーは成熟のひとつのプロセスであり，精神分析の治療プロセスにおける目標である。洞察はその成果であり，それまで避けられていた不安を意識の上で認識することである。このような不安は対処が難しく，そのため未知であり続けるかもしれないが，そうした不安に分析家が直面することができることで，患者は，自分自身のそのような不安に向き合い，意識の上でワーク・スルーし，一人の人として自分の人生を生きていく勇気を持つことができるようになる。

まとめ

　クラインによる妄想・分裂ポジションの記述の中心には，分裂という防衛メカニズムがある。このメカニズムは，結果として自我機能の一部の喪失を生む。これは心の不安 - 防衛プロセスの新たな領域であり，クラインは，この領域での不安はまさに自己の生存についての不安であると明確に考えていた。分裂は，他の防衛メカニズムとも関連している。よく知られた投影と摂取とも関連し，理想化／価値下げや投影同一化とも関連している。

　この新たな発展は，これ以降のクライン派の考え方と実践における発展の基礎となっている。より深刻な精神医学的問題をもった人への数多くの取り組みによって，心の生活のこの水準についての詳細が明らかになってきている。では，この発展の次の展開はどういったものであったのだろうか？

第13章　絶滅──誰が粉々になることを恐れているのか？

　自分が生き延びることができるのかという恐怖は，自然界全体の中で，最も行き渡った感情の一つに違いない。人間にとって，多分それは最早期の恐怖であろう。メラニー・クラインは，未熟な自我はこの最も本質的な経験に対処しなければならない，そして，それを最も極端な方法で行うものだ，と考えた。

キーワード

- 精神病
- 精神病的不安
- 精神病的防衛メカニズム

　生き延びるために，人間の心は何をするのだろうか？

　自我の分裂のプロセスは，精神分析用語では，対処不能な不安を防御する一つの防衛メカニズムとされている。生き延びることが不可能に感じられた場合，私たちはそのことをどのように考えることができるのだろうか？　いや，そのような場合，私たちは考えることすらできない。感じる能力を無効にすることによって，それを避けなければならない。このような自己破壊的な分裂を使って，物事を避けようとする時，自我はどのような状態にあるのだろうか？　統合失調症について触れたときに示したように，自分が何者であるかという感覚や，自分がどのような心の中にいるのかという感覚が大幅にずれてしまっていることもありうるのである。

　自我の分裂は，自己／自我の統合にとって破壊的となりうる効果をもたらす。クラインが言ったように，それがたとえ一時的であれ，自我機能の一部が失われると，自我は脆弱化し，貧困化する。フロイトは，ドイツの判事ダニエル・シュレーバーのきめ細かい研究を行った。シュレーバーは，統合失調症の深刻な破綻状況の間に回顧録を出版していた。

　フロイト（1911a）の非常に重要な発見は，現実を検討する心の能力が取り

除かれているということであった。それは機能の破壊的な喪失であり，それに
よってシュレーバーは現実の世界をそのものとして認識することができなくな
った。この現実の喪失は，この種の条件下では，よく起こることのように思わ
れる。シュレーバーは精神的な破綻時には入院しなければならなかった。それ
によって，他の人々は，彼が現実的に生きることができるようにするという課
題を負ったのである。シュレーバーの現実検討能力は彼には失われており，他
の人々（病院のスタッフ）が，当面の間，彼の代わりにそれを実行しなければ
ならなかった。

　第12章で挙げたケースを続けよう。患者が，自分の心はシュレッダーにかけ
られてしまったと言ったところからである。

　　その時，私は，危機感を持ったと言わなければならない。現実に破壊的な爆弾，
　あるいは地雷が，自分の目の前でまさに爆発したように思われた。私は，彼女の心
　を破壊することではなく，心を助けることが自分の役割だと思っていたので，自分
　が重大なミスを犯してしまったと感じた。振り返ってみると，私は，患者に自身の
　ネガティブな感情を認めるように強く迫ったと思うし，そのとき患者はそれに付い
　て来られてはいなかったように思う。けれども，そのときの私は，自分が不安なた
　めに，懸念や危機感を私の中で高める投影状況について考えているのだと思った。
　要約すると次のようになる。正確には何が失われたのであろうか？　私が理解して
　いる限りでは，まず初めに，彼女の私への敵意ある感情が消えた。そしてその後，
　経験を理解する彼女の自我機能が消えた。この時点で，彼女の自我の一部は，代理
　的な形態ですら，もはや存在していないように思われた。

　その患者が，自分の意識は「シュレッダーにかけられた」と言ったとき，そ
れは完全に事実をそのまま述べたものであり，敵意もなければ，警戒心もなか
った。彼女は，自分の感じたことがすべてなくなった，奇妙な無感覚状態に達
していた。では，彼女の感じたことはどこに行ったのだろうか？　この時点で，
分析家は，責任感から不安や気がかりで一杯になっていた。その際に，分析家
は，起こったことに責任感を感じていること，そして自分が言ったことの結果
としてまずいことになってしまったことを元に戻したいと思っていることに注
意を向ける必要があった。

彼女の無感覚状態が，私の心に危機感を引き起こし，それを増幅させた。その瞬間，自分の心の状態に関心を持っている自分に私は気がついた。それは，困惑と責任感と危機感とで構成された状態だった。これらは，患者の心の状態から失われた要素であると思われた。もし，私たちが「失われた部分はどこに行ったのか」という先の疑問に真剣に答えるなら，「それらは他の人の心の中に行った」というのが答えであろう。私は非常に不安になっていろいろ考えていくことに心を支配されたのも無理もないことだろう。

　患者の敵意と不安の経験は完全に消え失せた。クラインがかつて用いた言い方で言えば，絶滅させられたのである。しかし，それと密接に関連しているなにかが，起こったように思われる。患者の心から分析家の心へまっすぐに移行が起こったのである。言い換えると，分裂は，投影（とそれに呼応した分析家による摂取）によって支えられている，ということだ。思考や自覚の機能が絶滅すれば，患者は枯渇する。そして，その自己の失われた部分は取り除かれて，投影の要素となる。第15章で検討する予定だが，これは投影同一化と呼ばれる。分析家が，患者と分析家との間の投影の可能性についてさらに振り返って考えた結果，ある解釈が生まれた。これによりドラマティックなことが起こった。

　私はこう解釈した。「あなたは，敵意が私の中に入ったと思っている。そのため，私の怒りや圧迫を恐れている。それにこういったことすべてを感じ取る私の能力を恐れている。」患者の様子は変化し，落ち着かない様子となった。彼女の無感覚状態は消え去った。彼女はほとんど泣き出しそうになったが，1分間ほどなにも話さなかった。それから，とても動揺しながらも，私に言った。「路上で口喧嘩していた二人のところには，赤ちゃんが一緒にいたの。私が通り過ぎるときに，その赤ちゃんはまるで恐れ慄いて，私から慰めをもらいたいかのようにこっちを見たの。私は手を伸ばして，その赤ちゃんを抱き上げたいと思った。」私が解釈を伝えた後，患者の心は再びこのシーンを使った。もはや彼女の心はシュレッダーにかけられたり，無感覚になってはいなかった。この応答によって，この解釈のどこかが彼女の心の琴線に触れたことが確証されたように思われる。
　患者の心を占めていたものは何だったのだろうか？　このシーンは，苦しむ赤ちゃんが自分を慰めてくれそうな人に向かって手を伸ばすというものだった。背景に

> は依然として怒りがあるが，助けの手が前景に現れて来た。このシーンは，いま一度「代理の考え」であった印象を受ける。この時は，潜伏している内容，つまり抑圧されている，助けへの要求は隠されている（Hinshelwood, 2008）。

　これは，それほど重篤な混乱を抱えていない人の場合であるが，おそらくそれゆえに，彼女ははっきりと，自身の感じたことについて考える能力の喪失を伴う，分裂のプロセス（シュレッダーにかけられること）を見せてくれている。同じセッション中の少し後で，患者は自我の喪失から回復し，分裂よりも徹底さで劣る回避といえる，抑圧による防衛を取り戻した。

　もちろん，分裂（と抑圧）についてのここでの詳細な説明は，統合失調症という深刻な精神状態に苦しむ人ではない人との精神分析から採っている。それは自己を分裂させること，そしてパーソナリティを別のところに位置づけること（投影同一化）の例であるが，その程度はひどくないものである。そういった例を取り上げることで，読者が一時的にでも自分の中に同じ様子をいくらか見て取りやすいようになるのではないかと思う。しかしながら，極端な形では，こういった分裂プロセスは，重篤な精神病における混乱の基盤である，とクラインは記述している。

分裂性の破綻

　分裂メカニズムは，自己の解体や破壊の恐怖に対して概して用いられるメカニズムである。しかしながら，分裂のメカニズムはそれ自体，自己の統合に対して破壊的な作用を及ぼす。すると，この分裂というメカニズムは，そもそも解体を防衛するためにあったにもかかわらず，解体を生じさせる効果を持つ。分裂された自我は，解体の脅威に晒される。そして，さらに分裂が進み小さな断片になっていくと，究極的には絶滅の脅威に晒される。そうなると，分裂は，それによって回避するはずの状況を逆に強化してしまうことになる。ここで大事なことは，この特定の分裂は，恐怖について知る能力を取り除いてしまうため，解決策は，洞察の喪失，現実原理の喪失によるものだけになってしまうことである。こうした解体がなぜ起こるかに関する洞察は，失われたままであり，ある潜在的な状態に留め置かれたままになっている。これは，生存に関す

る不安をワーク・スルーすることで解決していくこととは異なる。その代わりに，防衛‐不安‐防衛という悪循環が続き，そこで自我はさらに分割され，つまり断片化し，機能する能力がどんどん失われる。自我が備えるどんな機能も現実と適合しないものとなっていく。この悪循環のスピードが上がると，先に挙げた患者のように，恐ろしい爆発的な心の破壊といったものが生じる。しかし，実際には上記の患者は，私たちの多くと同じように，幸運にもそこから自分自身を救い出すことができていた。

　このように，防衛メカニズムによって，対処不能な不安を回避するものの，さらに不安を引き起こしやすい状況が作り出される。このプロセスは，古典的な精神分析においても，非常にスタンダードなものである。実際，そういった悪循環が背景にあるので，症状が生まれ，それが持続するのである。

　この視点に立つことで，クラインは自分の目指している方向がわかった。彼女は，新たな心の地理，つまり精神病の地理を描き出そうと決意した。精神病は，心という存在そのもの，あるいは心という存在の欠如が主要な関心事であるような状態である（ここで言う心とは，考え，想起し，存在していると感じる能力のことであり，物理的な脳と同じではない）。クラインは，これが無意識の最深層であるという確信を深めた。この層は，心が消えてしまう不安を中心に形成され，エディプス・コンプレックスにおける不安とは対照的なものである（エディプス・コンプレックスでは，去勢不安，父親の殺害に対する罪悪感，近親姦のタブー，などが含まれる）。クラインは，そのより深くにある不安を「絶滅不安」と呼んだ。そして，それが最も深いレベルでの被害妄想であると考えた。

> **まとめ**
>
> 　心を解体し，消し去る能力は，私たちが抱く最も基礎的な恐怖のひとつである。活発に自我を分裂するプロセスは，心の喪失がどのように生じるのかを理解するにあたり，強力な概念モデルとなる。

　クラインと同僚たちとの仕事は，彼女が妄想・分裂ポジションと命名した新しい「ポジション」を定式化し，さらに彼女が投影同一化と呼ぶ，新たに付け加えられたメカニズムに注意を向けるところまでで終わったわけではなかった。これら新しく定式化された概念は，どのように心的機能や対人機能にさらなる理解をもたらすことになったのだろうか？

第14章 妄想・分裂ポジション──壊れること

「分裂的」という言葉は，二つに割れるこ
とを意味している。そして，心のより深層の
水準を指す言葉である。クラインは，この心
の状態を，妄想・分裂ポジションと呼ぶこと
で，分裂が重要であることを強調した。この
分裂の経験は，日常的な言葉では，ストレス
で「バラバラになる」とか，「自分でなくな

キーワード
■ 妄想・分裂ポジション
■ 理想化
■ 自我の分裂
■ 投影同一化

る」と言い表されることがある。この日常言語は，精神分析用語と同様に，
この特異な心の状態をコミュニケーション可能なものにしようとする試みである。
　この心の状態はどのようなものだろうか？

　分裂による防衛は，自我や自己が絶滅させられるという被害妄想的恐怖に対
処するために用いられる。クラインは，この不安と防衛と対象関係の複合体
に「妄想・分裂ポジション」という名前を与えた。彼女が意図したのは，妄
想・分裂ポジションが抑うつポジションとどのような関係にあるのかを伝える
ことだった。この第3部のイントロダクションで，私たちには，クラインの
「ポジション」という言葉の使い方についての覚書を挿入した。「ポジション」
概念は，フロイトがリビドー発達における継時的なステップ（Freud, 1905;
Abraham, 1924）を強調した時に見られる，発達の段階という考えとは全く異
なっている。
　マーゴ・ワデルは，文学作品に言及しつつ，抑うつポジションと妄想・分裂
ポジションとの間を行ったり来たりする様子を描き出している。ワデルは，ジョ
ージ・エリオットから借用した，あるメタファーを用いている。そのメタファー
というのは，鏡に映る自分の姿を凝視することと，窓越しに他の人々の生活を見
ることが交互に行われるというものだった。おそらく不安や喪失が新たに起こる
状況下では，視線は鏡へと戻っていくものなのだろう（Waddel, 2002, p. 13）。

　ある女性従業員が上司を非常に恐れていて，その上司が自分に会社を辞めるよう
に（あるいは解雇するために），自分の悪いところを見つけて，叱責しようとして
いると，いつも思っているという状況があるとする。それに加えて，上司は，彼女
がうまくやっている仕事には興味がなく，いつでもよくない人のリストに彼女を入
れている，と感じている。彼女は，上司がいつもよりも機嫌が悪く，疲れていて
（無関心で），近づき難くても，あるいは他の従業員にするのと同じように普通のフ
ィードバックをしても，等しくその思いを強めた。その上司がむしろ親切で，彼女
を評価しているような様子のときには，嵐の前の凪ではないかと訝った。この体験
は，彼女の仕事の出来に影響を与えているのは明らかであり，彼女は，自分の都合
にあわせて休暇を申請したり，昇進や昇給を求めたりすることをあえてしなかった。
お分かりのように，これは現実の一面でしかない。私たちが妄想・分裂ポジション
と呼ぶものはそうしたものなのである。
　これが二極化された世界であることも見て取れるだろう。彼女の心の中では，最
高の従業員であるか，最低の従業員であるかしかない。それは上司に対しても当て
はまる。彼女が上司や会社をこのように感じ取るとき，彼女は，物語の一面しか見
ていない。半分しか当てはまっていないし，上司を部分対象として見ていて，親切
さや配慮深さやフレンドリーなところのない人物と見ている。そんな時には，彼女
が上司をよい性質も悪い性質も持っている人物であり，上司として「悪くない」と
見るのは難しい。こういった二極化したモードでは，上司からの関心の欠如が，破
局として経験される。

　ビオン（1962）は，私たちの情動経験におけるこの動きを，PS ↔ D という
表記で表すことを提案した。これは，二つのポジションを繰り返し行ったり来
たりすることを示すものである。また，その行ったり来たりが，この二つの体
験モード間の健康な相互作用を促進しうることを示している。このような相互
作用があることで，妄想・分裂ポジションにあるときでも，人や考えや目標へ
の極端な被害妄想（パラノイア）や理想化が常には起こらなくなる。ただ，状況によって，自
己のケアや安全にとって，あるいは，個人の成長や達成にとって，そういった
被害妄想や理想化が必要なことがあるかもしれない。事実，悲しいことに戦争
で国のために闘うときは，敵を悪魔だと思い，自分の大義の正しさを信じるこ
とが必要となる。
　しかし，どのようにクラインは，このような用語で私たちの情緒体験につい

て考えるようになったのだろうか？　クラインはアブラハムの仕事を発展させ
続けていたのだが，1940年代には，理論的にも精神分析の臨床的にも彼女自身
の発展を押し進めるという大胆な動きを起こしている。当時は，彼女の仕事に
対して大きな反論がなされている時だった。幼い子どもへの観察と分析によっ
て，彼女はフロイトやアブラハムによって打ち出された見解とは違う見解を持
つようになった。フロイトやアブラハムは，生後数カ月間に攻撃的衝動は見ら
れないという見解を持っていて，それは口唇的前アンビバレント段階と呼ばれ
る早期発達の時期であった。それに対して，（歯が生えることや乳房を嚙むこ
とに関連した）口唇サディズム期は，古典理論においては，生後1年の終わり
頃に生じるものと考えられていた。

　クラインは，重篤な不安な状態にあったリタという2歳9カ月の少女につい
て記述した。「リタの臨床素材において，クラインは，リタが『でっぱり』と
呼んだ，しばしば強い迫害的性質を持った非常に原始的な部分対象を記述した
(Segal, 1979, p. 112)」。その空想は，最も原始的な形態を示唆していた。つま
り，妄想・分裂ポジションの最早期の現れといえる形態を示唆していた。クラ
インの説明によれば，「でっぱり」は大きな被害をあたえる力を持った想像上
の邪悪な生物であり，幼いリタはそれを父親の性器の一形態であると感じてい
た（Klein, 1932, 1945）。実際，クラインは初期の著作で，これら二極化した情
緒的状態が最初からあると記している。

　このようにクラインは，対象の分裂については以前より知ってはいたが，
1940年代に発展させた新しい重要な考えは，「自我の分裂」であった。先に述
べたように，フロイト（1926）によって導入されたこの概念は，英国の分析家
たち，たとえばジェイムズ・グラバー，ドナルド・ウィニコット，とりわけロ
ナルド・フェアバーンによって議論されてきた。この自我の分裂を中心に据え
ることで，クラインはこのポジションの名前に，分裂_{スキゾイド}をつけ加えた。

　前に述べたように，この二分法的な分裂は，情緒発達において極めて重要な
ものであり，それによって，よい対象が乳児の心／自我の中で安全に確立され
ることを可能にする。理想化された対象に同一化することは，「乳児の早期の
自己感に力を与え，一貫性をもたらし，乳児が一つのよい経験から次のよい
経験へと自分を保ち続けるのを助ける」(Roth, 2001, pp. 40-41)。このように，
情緒的な回復力_{レジリエンス}が（絶滅不安への保護機能として）発達する。これら二分割さ
れた極端な知覚と経験は，のちに（抑うつポジションにおいて）統合されるこ

ともある一方で，否認，分裂・排除，断片化，投影されることもある。これらの自己の断片化は，自己破壊的な攻撃性から生じており，「自我の弱体化，貧困化」へとつながる（Klein, 1946, p. 104）。

　このように，妄想・分裂ポジションのプロセスは，情緒的な水準で，知覚された対象を二極化されたよいか，悪いかへと分割するだけでなく，精神機能の一部が分裂・排除されることで，自我そのものがダメージを受け，バラバラになることなのである。近親者との死別に遭った者が，あたかもその死について，そして実際にはあらゆることに何も感じなくなるように，しばらくの間，麻痺状態となるのはよく見られることである。それは，喪のプロセスにおける否認段階と呼ばれている。自身の感じていることを自分自身のこととして受け止める，その人の能力が，失われてしまうのである。この時点で，自己の一部の喪失により，別の心理学的プロセスが作動し始めることがある。投影同一化がそれである。

　クラインは，専門的な言葉を用いているものの，私たちの経験を捉え，それを，自己にも他者にも目配せしつつ，他者との物語という観点から整理しようとし続けてきた。「ひとは自己への関心に引きずられるものだが，クラインの著作には，自己中心的で利己的な世界への態度と，自己への関心に影響されてはいるものの，他者への寛容と気遣いの態度との間を，生涯にわたり揺れ動く感覚が見られる」（Waddel, 2002, p. 8）。ストレス時には後退せざるを得ないこともあるが，この行ったり来たりは，それぞれのポジションが成熟した形となって行くのに従い，少しずつ緩和されていくのである。

まとめ

　妄想・分裂ポジションの本質的な特徴は，理想化と価値下げとの二極化である。ここには，現実のかなりの程度の歪曲が含まれている。現実は，完全によいわけでも完全に悪いわけでもないが，抑うつポジションに伴い，それが理解されてくる。

　さまざまな観点から示されるように，妄想・分裂ポジションにおいて鍵となるプロセスは，投影同一化というメカニズムである。次章では，そこに目を向けることにする。とはいえ，このプロセスは一体どのように作用し，関係の中でどのような役割を果たすのであろうか？

第15章　投影同一化──彼の一部はどこか別の
　　　　　ところにいる

　抑うつ不安から逃れるのに否認が中心的な
役割を果たすのと同じように，妄想・分裂ポ
ジションにおける迫害的絶滅不安を避けるに
は，投影同一化が主要な手段となる。この
プロセスが意味するところを理解するのは簡
単ではない。その最たるものは，このプロセ
スにおいて，私たちは他者を望ましくない経
験の置き場所として使うことであり，その時，
私たち自身の自己は他者の自己と完全には

```
┌──────────────────────┐
│ キーワード           │
│ ■ 投影同一化         │
│ ■ 排泄               │
│ ■ 対象のコントロール │
│ ■ 分離の否認         │
│ ■ 対象による摂取     │
│ ■ 無意識的コミュニケーション │
└──────────────────────┘
```

区別されない，ということである。事実，私たちは，自分のアイデンティティと
なる要素を他者と交換することもある。しかし，同じくらい理解が困難なことは，
この交換のプロセスは，アイデンティティ形成の始まりにおける原始的なプロセ
スというだけではなく，生涯を通してこのような形で働くプロセスであるという
ことであり，それは「投影同一化」という用語で一括して呼ばれている。
　投影同一化とはどのようなものなのだろうか？

　妄想・分裂ポジションを記述したのと同じ論文の中で，クラインは新しいメ
カニズムを導入した。これは，クラインの同僚であり，教え子でもあるハーバー
ト・ローゼンフェルドの仕事であったかもしれない。彼は，統合失調症によ
る精神的破綻を起こした患者の中で進行するプロセスを，クラインが理解する
のを助けた。
　ローゼンフェルドは，1947年に統合失調症を持つ患者との最初の分析経験を
記述した論文を発表した。その前年には，分裂メカニズムに関するクラインの
論文が発表されており，そこでクライン自身の説明がなされていた。ローゼン

フェルドは，ある患者について記している。その女性患者は誰かに侵入されていると感じていた。特に治療セッション中，分析家から侵入されており，分析家が彼女からすべてのもの，なかでも彼女の「自己」を強奪しようとしていると感じていた。それとは対照的に，別の患者は，他の人の中に完全に侵入し，それによって自分がその人になることを目指していた。この自己感覚に影響を与えるプロセスは，他者が自分自身の自己を所有することができ，その反対に，自分が他者の自己を所有することができるというものであり，統合失調症の経験における重要な特徴である。

　クラインは空想の中で攻撃が加えられる様子に関心を持った。

　もう一つの系列の攻撃は，肛門と尿道における衝動に由来していた。つまり，危険な物（糞便）を自己から排出して母親の中へと押し込むという攻撃である。憎しみの中で排出されるこの有害な糞便とともに，自我の分裂・排除された部分が母親の上に投影される。もっとも，私はむしろ母親の中に投影されると言うのがよいと考える（Klein, 1946, p. 8）。

　これが，投影同一化と呼ばれる空想に初めて正式に言及している部分である。1946年のこの論文の初期の版では，「投影同一化」という用語は単に軽く触れられる程度であったが，1952年以後の版では，より重要な地位を獲得している。クラインには自分が，何かまた，別の新しい発見の途上にあることがわかっていた。

　それは，重篤精神障害における病理的メカニズムについてだけでなく，人間関係のいくつかの側面について理解を深めるのにつながる発見でもあった。クラインが描き出した空想は，自己やその性質や能力の一部分が分裂・排除され，投影を通して対象（実在の他者）のなかに置かれるといったものだった。このような空想は，幼い乳児の心の中にもすでに見られる。摂取と投影という早期のモデルは，乳児の観点から見ると，母乳や食べ物あるいは空気を取り込み，糞便や尿（あるいは二酸化炭素）などの有害な副産物を取り除くというモデルである。そして，クラインによれば，このような最初の心的イメージは具象的なものであるように感じられる。彼女は，対象（たとえば，母親）に気づき始め，それにどう対処したらいいかという問題が，人間の発達の最早期から，もっというと人生の最初から始まるとした。それは単なる空想というより，生

来的に備わった反射に相当するものである。すなわち，いわば反射空想のようなものなのである。

投影同一化の目的

　クラインによる投影同一化の定義には，この空想プロセスが潜在的に持ついくつかの目的が見られる。「投影同一化の目的は多種多様と言えよう。自己の中の，望ましくない部分を取り除くこと，対象から中身を抉り出して貪欲に所有すること，対象をコントロールすること，などである」(Segal, 1979, p. 118)。無意識的空想について言えば，私たちは，対象の性質と，主体が想像し，想定している自分自身の行為という問題に立ち返る。こうした行為には動機，意図，特徴などが含まれる。結果として，その対象，つまり空想の中で投影された要素を取り込んだ人物は，恐れられたり，賞賛されたりしうる。なぜなら，その人物はいまや投影された性質を所有しているからである。

　自己の一部や内的対象を排出する動機は，複雑なものでありうる。それは心の中にある，望まれず欲されない側面を取り除きたいという願望かもしれない。あるいは外部の対象の心の中にこういった側面を位置づけることを通してコミュニケートするためかもしれない。さらにまた，対象の心，振る舞い，行為をコントロールし，それによって対象が独自に自分自身の考えを持つことを防ぎたいという願望であるかもしれない。たとえば，無意識の考えは，もし私の対象が，その心の中に私自身の特定の部分を持つのなら，その対象は，自分自身に従うのではなく，私に従って行動するだろう，というものだ。

　このように，空想において分裂・排除された部分を投影された対象は，ある経験をするように仕向けられる。あるいは，無意識的にある経験をするように促される。その結果，そのプロセスによって，空想は現実のものになるのである (Sandler, 1987)。そのようにして対象は，主体によって期待されているように実際に振る舞うことになる。たとえば，いつもの自分らしくない振る舞いをしてしまったと言っている人のことを思い浮かべてみよう。

　これは，自我の一部が分裂・排除され，次にその失われた自我の機能が誰かほかの人の心の一部であると信じられるという空想である。次に例を挙げる。

　深刻な虐待を受け，ダメージを受けた子どもたちのための施設に，ある12歳の少年がいた。彼はある日の午後，その施設の入り口近くにある通路に座っており，先の尖ったナイフで木片を削っていた。その日の午後は，その施設の運営を担っている慈善団体の理事がその施設を訪れることになっていた。洗練されたスーツを身に纏った理事が到着し，その少年に出くわした。理事は立ち止まり，自分では礼儀正しいと思うやり方で，少年に何を作っているのか話しかけた。するとその虐待を受けた少年は，「失せろ」と言い，高い地位にあるその理事の問いかけを無視した。理事は自分が関心を向けているのに不適切な返答が返ってきたことに驚いたが，できるだけ丁寧に質問を繰り返した。すると，その少年は理事の方を向き，ナイフを突きつけて「失せないなら，これで刺すぞ」と言った。理事は職員との打ち合わせをする会議室へと向かった。会議室へ向かう間，彼を脅し恐怖を与え，そして面倒を見てくれている施設に対して恩知らずな様子を見せる「その小さなならず者」に対する怒りがどんどん大きくなって，彼の心を占めるようになった。彼は侮辱され，虐待を受けたと感じていた。

　さて，ここで重要な問いは，誰が最終的に虐待を受けたと感じたのかというものである。それは，この施設に入所するような経験を積み重ねてきたその少年ではもはやなかった。代わりに虐待を受けたと感じたのは，虐待を受けた子どもたちの面倒を見ようと思っている全く罪のない理事の方だった。ある人が他の人の経験を抱かされる様子が，この例に示されている。理事は，虐待され怒りに火をつけられたと感じ，その子どもの代わりに苦しんだ。このケースの場合，少年がこうしたプロセスをうまく成し遂げたので，理事は実際に思いもよらず侵害され，虐待された気持ちでいっぱいになったが，その無意識的なコミュニケーションについては全く思い至らなかったのである。

　精神医学的に重篤な状態では，投影同一化に過剰に頼っている様子が見られる。たとえば，現実を正確に認識する能力を分裂・排除することは，精神病状態で特徴的である。彼らがそうするのは，現実のある側面が耐え難く，現実を考慮する機能を取り除かざるを得ないからである。それに加えて，彼らは他者を巻き込むことがある。そうなると家族や友人，隣人たちが，現実に生きることができない，その人を守らなくてはいけなくなる。最終的には，現実との接触を失い自分の面倒を見ることができない人を，精神科医療が看ざるを得なくなる。精神科医療が，その人に代わって現実的に世話をしなければいけないの

である。

　このメカニズムによって，境界例状態（ボーダーライン）や躁うつ状態について，あるいはそれぞれに関連した特定の心の機能不全について，一層理解が進む。このクラインの貢献は，こうした考えをさらに発展させていく道を開いた。それは，ハンナ・シーガル，ウィルフレッド・ビオン，ハーバート・ローゼンフェルドといったクラインの後継者たちによって継承されていった。彼らは，このようなメカニズムを精神病的な患者たちの治療だけでなく，そこまで重篤ではない患者との取り組みにおいても記述した。最終的には，ごく普通の人々の中にも，こういったプロセスが見られるということが当たり前のこととなってきた。言い換えると，私たちは誰でも，ある程度，精神病的な心の働きを持っているのである。考えさせられるのは，日常の関係の中でのこういった歪みは，精神分析という患者と分析家の間での自我機能の交換の中で見られることだ。クライン派の理論においては，転移と逆転移とは，投影と摂取のメカニズムに基づく同一化に主に依拠しているのである。

　時によい部分や性質も投影されることがあり，それは賞賛の気持ちや恋する気持ちにつながる。その場合の空想は，愛する人なしでは生きていくことができないというものであり，私たちを取り巻く世界をそのようなものとして考え経験するというものである。しかしながら，この心的操作にはある結末があり，私たちの「片割れ」である誰かについて話す時，ある事実に気がつくこととなる。それは，心の一部や内容を投影すると，私たち自身はいくらか空になるということであり，結果として私たちは欠如を感じるようになる。このことは，心がいっぱいで耐え難く感じられる重篤な精神障害においては望ましい結果でありうるが，さもなければ弱体化と貧困化を招くものでもある。

　とはいえ，私たちは空想の中で，他者の性質を獲得したり，それを自分自身の心の中に取り込みたいと願うところがある。『クライン派用語新事典』では，この概念の現代的な発展が上記の定義に付け加えられている。「投影同一化の諸空想は，時に，『転嫁的』性質だけでなく，『獲得的』性質を持つと感じられる。すなわち，その空想には，自らの心のいくつかの側面を取り除くというだけでなく，相手にある望ましい側面を獲得するために，他者の心を招き入れるということが含まれている。この場合，投影と摂取の空想はともに作動している」(Sodre, 2004, p. 57)。

　ここで，ある例を考えてみよう。

　ある患者が，健康上の訴えをいくつか持って，GP^{訳注7）}の診療所に受診した。彼は自分の不調について独特の調子で話した。医師はその患者のニーズに応えようとしたが，訴えに相当する問題はないと感じた。むしろ医師はイライラし居心地悪く感じ，その患者が早く診察室から出て行ってくれることを望んだ。しかしながら，患者が去るとすぐに，イライラはなくなり，代わりにいくらかの罪悪感と好奇心が生じた。患者の治療歴をざっと眺めると，以前の診察記録の一つに，その患者が自分の困難な人生についていろいろと語った時の記録を見つけた。患者の人生は，拒絶と剝奪に満ちていて，非常に早期の分離が何度も繰り返され，その後，里親に出され，養子となったようだった。患者が GP の診察を受けにきた理由のひとつは，自分の中にある，愛されず好かれない部分を取り除くためだけでなく，無意識のうちに幼少期のトラウマとなった経験を繰り返すためであった。患者は，拒絶されたと同時に，GP の素晴らしい（理想化された）専門性は患者には与えられなかったという気持ちを持って去っていったのである。このことで，自分はケアに値せず，いつでも拒絶に直面しなければならないという患者の無意識の最奥にある信念が，再確認された。けれども，その GP は，こういった力動に気がついたので，次に会う際には，その「やる気をくじく」患者に対して医師としてきちんと接するだけでなく，より共感的になるのではないかと思われる。

　このエピソードからもわかるように，投影同一化のメカニズムは，対人関係の文脈において，非常に強力なコミュニケーションの方法であり，修正の方法である。
　クラインの教え子のうち最も革新的なの分析家のひとりであるウィルフレッド・ビオンは，のちにクラインの投影同一化の概念をさらに発展させ，それを初めて母親と赤ちゃんとの間の相互作用の文脈の中で記述した。

　分析を通して，その患者は執拗に投影同一化に訴えたのだが，それは，投影同一化が彼にとって十分には利用することができなかったメカニズムであったことを示唆していた。分析は，彼がそれを用いる機会を奪われてきたメカニズムを行使する機会を患者に与えたのである。患者は，強力すぎて自分のパーソナリティでは包容^{コンテイン}することができないと感じた死の恐怖を自分自身からなんとか取り除こうとした時，

訳注7）General Practioner（一般診療医）の略。英国の国民健康保健サービス（NHS）においては，すべての国民は，特定の GP に登録し，病気の場合，原則，まず GP の診察を受けなければならない。

> 自分の恐怖を分裂・排除し，私に押し込んだ。明らかにそこには，恐怖をそこに置いておくことができるならば，その恐怖は私の心によって調整され，安全に再摂取することができるようになる，という考えがあった（Bion, 1957, p. 312）。

　母親は，赤ん坊がまだ理解できず，意味を捉えることができない，自分の不安や欲求不満などの情動の受け取り手となると，ビオンは考えた。この場合，それは死の恐怖であった。この機能／役割が全く提供されないと，不安への耐性がなくなり，情動経験の意味を捉えることができなくなり，さらに創造的思考ができなくなりうる。それはまた，あらゆる深刻なメンタルヘルス上の問題が起こる基盤となりうる。本書の第Ⅳ部でこの問題に戻っていく。

投影と投影同一化

　読者はお気づきのことと思うが，私たちは，投影と投影同一化という言葉の両方を使ってきた。この二つの概念の違いについての議論は今も続いている。見方によっては，デイヴィッド・ベルが論じるように，両者に違いはほとんどない。

> 人によっては，投影と投影同一化を区別するが，ここでなされている記述からは，その違いははっきりしない。投影は心的メカニズムである一方，投影同一化は，そのようなメカニズムを構成する無意識的空想を含んだメカニズムを記述している。
>
> (Bell, 2001, p. 134)

　本書の第Ⅲ部で取り扱っているメカニズムには，こういった二重構造がある。客観的心理学的観察と同時に，人とのなんらかの関係の物語が含まれている。
　他方，投影のメカニズムは，内的対象の，単純な（防衛的ではない）「投影」である，という見方がある。つまり，外的世界，そして外的世界の諸対象がどのようなものか測るためのテンプレートの一種であるというのである。この見方は，標準的な知覚心理学に由来し，フロイトによってそもそも採用された投影の意味を表している。

排泄とコミュニケーション

　読者は，先に挙げたビオンの引用の中で示唆されている，さらなる区別にも気づいたかもしれない。それについては第Ⅳ部でより重要となるが，あまり先送りにはしないようにする。ビオンが乳児期における患者と母親との関係に属するとした投影同一化についてであるが，そこには攻撃的な対象関係についてのクラインの元々の定義とは違った面が示唆されている。クラインの記述は，今では投影同一化の排泄的形態と呼ばれることもある。一方で，ビオンの患者は自分の要求に注意をむけてもらうことがなかった中で，攻撃的になったのだが，その患者が欲していたのは別のことだった。その要求というのは，本質的に単に攻撃的なものではなかった。患者が欲したのは，自分の恐怖が修正されることだった。患者は，自分の経験が分析家によって調整され，理解可能なものとなることを必要とした。このことは，コミュニケーション的と呼ばれることもある機能である。分析家に期待されるのは，その経験を，患者とともに「知る」ことである。

まとめ

　この章では，投影同一化のプロセスを捉えようと試みた。この概念は，意識から離れているというだけでなく，何十年も使われてきた中でさまざまなニュアンスの意味が発展してきた。それは，個人をはっきりと区別された単位とする（少なくとも西洋文化における）通常の理解を揺るがす。その代わりに，アイデンティティが混じり合うという考えは，精神分析や他の心理学において計り知れない重要さを持っている。加えて，投影同一化は人々や心の**間**の特定の密接なつながりについて記述している。それは精神分析に対人関係的な次元を約束し，それが故に，社会科学，美学など，人文科学の実に多くの分野においても重要性を持つ可能性を含んでいる。

　クラインは，厄介な観察や発見に直面しても怯むことはなかった。心のより深い層を徹底的に記述することで，彼女はもう一歩踏み出し，彼女の支持者や批判者に対して新たな挑戦を投げかけた。それでは，クラインは羨望の問題にどのように接近したのだろうか？　そして，彼女の貢献がどのような議論を引き起こしていったのだろうか？

第16章　あらゆる悪徳の中で最悪のもの
——羨望

クラインは，人間の心のネガティブで攻撃的な側面を探求し解釈することを精神分析家はためらいがちであると考えた。彼女は，そういったためらいは理解できるが，克服すべきことであると考えた。クラインは，最も苦痛な経験や不安に向かって容赦なく突き進んだので，ネガティブなことにのみ関心がある

キーワード

■ 嫉妬
■ 羨望
■ 愛に対する攻撃
■ 感謝

という誤った評判が生まれた。そして，羨望の経験についての彼女の記述によって，その評判がよくなることはなかった。この章では，羨望とそれをめぐる問題について，論争そのものにあまり深入りすることなく検討していきたい。なぜなら，羨望について論じていくと，党派的議論に取って代わられてしまうからである。

羨望とはなんだろうか？　そして，その概念のどこが批判されたのだろうか？

クラインのキャリアは二つの方向に向かった。一つは，一層オリジナルな貢献と発見に向かう方向であり，もう一方は，一層古典的な精神分析家から離れていく方向であった。このドラマの最終公演は，彼女の死のほんの数年前のことだった（彼女は1960年に，78歳で亡くなった）。自分のアプローチへの変わらぬ信念が弱まることはなかったし，自分が重要な貢献をすることができるという変わらぬ自信が弱まることもなかった。

最後の貢献は，1955年に英国精神分析協会で発表された一つの論文から始まった。その論文は評判が悪かった。彼女のかつての近しい支持者であった同僚からもほとんど賛同が得られず，彼女は，それを出版するのを控えた。その代わりに，彼女は論文に手を入れ続け，それは一冊の本になり，1957年に『羨望

と感謝』として出版した。この本は，チョーサーが「牧師の話」で述べた，悪徳の中でも最悪なものである，羨望についての本だった。「羨望が最悪な罪であるのは確かなことである。なぜなら，そのほかの罪はすべてただひとつの徳に対する罪であるが，羨望はあらゆる徳，あらゆるよいものに敵対するからである」(Klein, 1957)。そして，羨望に関するクラインの研究は，同僚から最も評判が悪かったのである。

　クラインは，精神分析家が患者の肯定的な点を解釈することで安全策を取ることを常に憂慮していたし，それでは何かが失われると論じていた。精神分析家と患者はともに楽な方を好むものだが，クラインにとっては，ネガティブで破壊的な側面に怯まないことが重要であった。彼女が目指し続けたのは，愛と憎しみに満ちた感情との間のバランスを理解することであり，そのバランスが乱されるのではないかという根強い不安を理解することであった。ある精神分析実践の真実性は，そのバランスに対して怯むことがないこと，そしてそれによって患者が，最悪のものを避けることなく，ポジティブな極へ向かって自身のバランスを維持しようとするのを手助けするような見解を維持することから生じる。

　多くの精神分析家にとって，クラインの羨望に関する議論は，ネガティブなことを強調し過ぎたものであり，ネガティブなことへの彼女自身のバランスの悪さを表していた。確かに，（初めと終わりの部分を除く）91ページにわたる『羨望と感謝』の本文のなかで，感謝に関する部分は，およそ10ページほどである！　クラインがネガティブなことを強調したのは，誤解されやすいものではあったが，臨床素材を提示する上で，ちょうどよいバランスを生み出すためであった。

　クラインが見出し強調する必要を感じた，この厄介な事柄とは何だったのだろうか？　興味深いことに，クラインは羨望を感謝とペアにした。感謝は，愛とよい感情とのまさに最初の表現のひとつである，と彼女は考えた。感謝は人生の始まりから生じているのである。それは，乳児が乳房により満たされているときに感じる最初の至福状態の一部である。そこでは，母親は寛大に乳児に乳を与え，乳児はそのことへ感謝しながら応じる，といった興味深い相互作用が進行している。母親の多くは乳児の感謝の念に極めて敏感に気づき，それによって赤ちゃんと同じように心地よく感じる。よい感情が母親と赤ちゃんとの間で行ったり来たりする好循環がそこにはある。こうした記述は，図らずも，

クラインの見解が通常の意味で本能に基づいているとは言えないことを示すもののひとつとなっている。不安は，欲求が満たされないことから生じるだけでなく，欲求への反応，そして欲求満足に対する反応にも由来するのである。感情についての感情があり，それは人生の始まりから生じている。本能エネルギーの経済論とは違い，さまざまなよい感情を受け取る能力は潜在的に指数曲線を描き，よい感情がさらによい感情を育てる。それは「微笑みなさい。そうすれば世界はあなたとともに微笑みます」という言葉でおおよそ言い表されている。これは，フロイトや古典的精神分析が探求したリビドーエネルギーの量的な計測とは違っている。

　自分に対して寛容で肯定的な他の人に対して，愛情という肯定的な感情を持つことはとても自然なことであるし，理解しやすい。しかし，これまで見てきたように，クラインは，悪い感情が悪い感情を育てるという別種の循環についても気がついていた。母親がおっぱいや哺乳瓶を用意するまでの間，赤ちゃんを放っておいたりする場合のように，欲求不満を感じさせるときの赤ちゃんの母親に対する憎しみは，母親にも影響をもたらす。母親は，赤ちゃんから不満に満ちた要求に応えるように迫られ，狼狽える。母親は，自分が母親として根本的に駄目であると赤ちゃんから非難されているように感じるかもしれない。母親が対処できないこともあるかもしれない。思わず，母親は，赤ちゃんに嫌悪を感じ，意に反して，どこかで嫌悪を持って赤ちゃんと関わってしまうこともある。こうなると赤ちゃんの不満足な怒りのこもった気分が改善されることはなくなる。そうして（文字通りの）悪循環が生じ，それが持続していくようになる場合もある。もちろん，前述した好循環の時の母親を褒めるのが見当違いであるのと同じように，悪循環の時の母親を責めるのも見当違いであろう。もっとも，赤ちゃん自身は，非難しているのかもしれないが。

　ここまでは，羨望の特異な性質を説明するまでの，長い前置きである。とはいえ，もう少しだけ補足しておこう。人間社会が依拠している重要なことのひとつは，今，論じたネガティブな悪循環はどこかで断ち切らなければならないということである。つまり，終わりのないネガティブな循環から，それに関わっているどちらかが身を引くことが大切である。それは，すべてを回復させる非常に重要な瞬間を伴う。たとえば，もしも（たいていそれほど難しいことではないが）母親がいくらかでも気を取り直し，赤ちゃんを愛していることを思い出すならば，自分が別の情動を経験していることに気づくだろう。私たち

はそれを赦しと呼ぶことだろう。赦しは愛の行為の一つの形である。愛することには事態を好転させる力があり，悪循環を反転させることができる。言い換えると，ある時点で，赤ちゃんの憎しみに，母親は愛で応えるのである。クラインなら，最良の環境であれば，赤ちゃんはかなり早い段階で同じことをすることができるようになると言うだろう。つまり，憎悪や不満に駆り立てられようとも，赤ちゃんの方でも，母親を自分が愛した人物であると思い出すことができるだろう。この能力は，以前の章で見てきた，抑うつポジションの発達のことである。

　赦しは，自分を憎んでいる対象を愛することであるので，そこには幾分，逆説が含まれている。さて，クラインが気づいたのはその反対の逆説であった。赦しにおけるように憎しみに対して愛で応えるのではなく，愛に対して憎しみで応えるのである。これは理解し難いだけでなく，乳児自身もその逆説によって深く苦悩させられる反応であるとクラインは考えた。実際に，クラインが言うように，無垢な赤ちゃんが，まさに自分が依存している，愛する人をまさしく憎むようになると言うのは誰にとっても仰天することである。しかしながら，クラインが論文で主張したのは，まさしくそのことであった。その主張は，その後，本の長さになるまで説明に手が加えられ，細部にまで入念に論じられている。

　以上の主張は，容易には受け入れられず，当時でも現在でも，多くの人に評価されているわけではない。また，説得力を持って説明することは，当然ながら簡単ではない。

　ここで少し時間をとって，一点を明確にしておこう。「羨望エンヴィ」という言葉は，英語では二通りに使われる。単に賞賛する場合，「あなたの新しいドレス，羨ましいわ」と言うが，それは褒める方もそのドレスが気に入っている場合の褒め方である。これは比較的よい方の使い方である。もう一つの意味は，あらゆる悪徳のうちの最悪のものと結びついており，賞賛が次のようなことにつながる。「あなたのドレスが実際にとてもよいものだったら，私はそれを破きたいし，あなたがそのドレスに対して抱いているよい感情も，あなた自身に対して抱いているよい感情も破壊したい。」これは，非常に不快な情緒である。そしてこれが，クラインが羨望について語るときに意味していることなのである。

　したがって，嫉妬との違いにも気をつけておこう。この嫉妬という感情は，素敵なドレスを持ちたいという願いであり，それを破壊したいというものでは

ない。そして持ち主から没収してその栄光の中でそのドレスを所有したいという願いでもある。一方，羨望はドレスそのものを破壊する！　他者への賞賛も台無しにされる。実際のところ，羨望を抱いている人にとって，羨望はその人自身も貶めるものである。自分が賞賛している人と知り合うと，たいていは自分が高められる気持ちになるが，羨望の棘は，他人の不幸に喜びを求めるところがある。それだけでなく，そういった喜びに含まれる悪意は，結局のところ自分自身の毀損につながる。そして，そのように視野が狭くなってしまうと，素朴な賞賛の喜びを持っておくことすら難しくなってしまう。羨望と自己毀損の悪循環が回り始める方向に駆り立てられる。そうなってしまうと，そのことが，ある種のパーソナリティの永続的な特徴となり，その人はいつもそこからなんとか抜け出そうともがき続ける。究極的には，そのような羨望の循環に捉えられていない人に対する羨望も存在しうる。

　羨望の核心には，分離していることに関わる問題がある。逆に言うと，分離性があることで羨望が引き起こされるので，分離性が問題だとも言える。自分が分離した存在だと認識することで，自分とは別個の「他者」について情緒的動揺が生じるのである。羨望の場合，問題となるのは，その他者がよい人であれば，そのよさは，次の二つの深刻な事態を引き起こす。

1．もし，彼らがよい人であり，愛情深く，寛容であり，欲しいものを持っているならば，彼らに依存している可能性がある。
2．もし，彼らがよい人であるとなると，即座に自分自身のよさへの不安が起こる。それに加えて，彼らのよさによって，自分自身がちっぽけでみじめであると感じられる。そこには，その人物との過酷なライバル関係のようなものがある。

　依存していて，みじめであると感じることは，痛みに満ちた経験である。しかし，それが，よい，愛された，愛情深い人との関係において生じれば，耐え難い苦悩へと強められる。クラインの見解によれば，それは，あらゆる形態の痛みのなかでも最も耐え難い痛みである。

　その結果，個人はそういった感情に対する防衛を築いていくことになる。羨望に対する主要な防衛は，その対象やその対象のよいところを毀損することであり，その対象をコントロールすることである。そうすることで，羨望するも

のはなくなる。これはさまざまなやり方で起こるが，非常によくある方法は，分離を取り除いたり否認したりすることである。対象と融合する一つの形態が，投影同一化の結果である。投影同一化は，羨望に対する防護戦略の中で，一般的に中心的役割を担う。融合することで，よさをすべて盗用することが具現化する。クラインの言い方で言えば，よい対象からそのよさを抉り取る。

　投影同一化のプロセスにおいて，人は価値ある対象に入り込み支配する。それにより，自己は強大となり，他者のよさの影響を鎮める。ここまで述べてきたことは記述するのが難しい事柄である。羨望が実際に働いているところをどのようにしたら見ることができるのだろうか？　簡単にはいかない。しかしながら，この逆説的反応に相当するかもしれない現れがある。重要なのは，羨望は二者状況だということだ。ひとりのよい「他者」がいて，よいことで羨望されている，という状況である。しかし，この状況の最初期の現れにおいて，他者はときに二重身でありうる。それは二人の親という状況で，性交において一体化しており，互いに栄養を与え合い，互いの性器で満足を与え合う二人の親は，乳児にとっては二つの対象ではない。この二人は，多面的な一人の「他者」としてまとめ上げられており，融合した状態でお互いにばかりに関わっている。そうした状態は，乳児がそうなりたい状態であり，乳児は，そこから排除され，離されていると感じる。この「カップル」は一見，単一性を持っているので，クラインはそれを「結合両親像」と呼んだ。その二人はひとつなのである。そして，多くの夫婦の強度は，とくに新たに赤ちゃんを迎える時の喜びにおける強度は，赤ちゃんにとっては強い結合として感じられるかもしれない。

　日常の言葉で，私たちは「恩を仇で返す（餌をくれる飼い主の手を噛む）」と表現する。寛大さは感謝ではなく，憎悪や悪意で応えられるのである。ずっと以前から，精神分析の世界は患者の逆説的反応に気づいていた。たとえば，フロイトは晩年の論文「終わりある分析と終わりなき分析」でそのことについて書いている。彼は，精神分析家からの援助や洞察に満ちた解釈に対して逆説的に反応し，変わることなく際限なく分析を続ける者がいることに悩まされた。そういった発展のない状況を，フロイトは「陰性治療反応」と呼んだ。これには，精神分析家の能力も含めて，さまざまな理由があると思われるが，フロイトはひとつ理由を付け加え，それを「悪魔的な力」と呼んだ。すなわち，患者は精神分析家の技能や真実を受け入れることができない，ということである。言い換えれば，患者は，「餌をくれる」精神分析家の手を噛むということであ

り，実際に精神分析家とその洞察に対して羨望を向ける。結果として，患者は，もちろん無意識にではあるが，分析家の努力を無価値にすることに身を捧げている。

　たとえば，マルコ・キエーザは羨望について説明する中で，ある患者から聞いた話を紹介している。その話は，精神的破綻で入院し，その後，地域の支援員から社会復帰の支援を受けていたある女性についてのものだった。

> けれども，その女性は自分が受けた援助の価値を認めなかった。実際に，支援員が庭に植えるのを手伝ってくれた植物を，彼女は引っこ抜き，ダメにしたのである。
>
> （Chiesa, 2001, p. 102 ）

　この短い例に見られる豊穣さに対する破壊性は，非常に早期の母親の身体への攻撃，乳児が母親の中にいると信じている子どもたちへの攻撃，子どもを作り出す父親のペニスに対する攻撃と関連すると考えられる。

　感謝について少し述べておこう。上述したように，『羨望と感謝』の中でのバランスの悪さは多くの人に，クラインとその後継者は，人間の動機のネガティブな側面にしか関心がないという印象を与えた。しかしながら，そうではなく，「愛がないところに憎しみは存在しないものなのだが，愛によって演じられる役割は，羨望や競争心や憎しみによって曇らされて，見逃されてしまうのかもしれない」（Bion, 1962, p. 10）のである。

　先に見たように，感謝は，単なる満足や充足の経験ではなく，自分に満足を感じてほしいと思うほど愛してくれる対象がいることを知るという経験でもある。よい感情が反響し合い，やりとりされるのである。羨望は，そういったやりとりを阻害するものである。よい感情がより重要なものであるからこそ，それが阻害されると，苦痛に満ちた経験となるのである。

羨望をめぐる論争

　死の本能に対する一般的な批判は，「羨望」という概念にも適用される。クライン派はその批判にこれまで応えられていないという非難が向けられている。そして，「彼らがこれらの概念に対する批判に応えることができていないということは，彼らに批判に応える能力がないのか，あるいは彼らがドグマティズ

ムに陥っているということを物語っている」(Kernberg, 1980, p. 41) とも言われる。しかしそれは実際には当てはまらない。臨床的な根拠が，子どもの観察から挙げられているし (Klein, 1952b; Bick, 1964, 1968, 1986)，特に陰性治療反応に関しては，精神分析実践からも挙げられている (とりわけ，Rivière, 1936; Meltzer, 1968, 1973; Rosenfeld, 1971, 1987)。

　経験の浅い分析家がよく陥るのだが，思い通りにならない反応をすべて，羨望による陰性治療反応に転嫁させたいという誘惑がある。それについては，カーンバーグ (Kernberg, 1969) やグリーンソン (Greenson, 1974) が厳しく指摘してきたように，妥当性がない。カーンバーグ (1980, p. 49) は，クライン派の技法は倒錯的な転移を生み出していると，手厳しく批評している。

　それに応えて，ローゼンフェルド (Rosenfeld, 1987) は，詳細な臨床データを挙げて，誤った解釈や不適切な技法から生じた陰性反応と，羨望による反動から生じた陰性反応とを区別しようと試みた。この問題が複雑なのは，患者が分析家の欠点を利用しているかもしれなかったり，分析家の欠点を自分が引き起こしていると感じ，その罪悪感に苦しみ，懲罰的な苦痛を必要としたりする場合もあることである。

　ジョフェ (Joffe, 1969) は，羨望について綿密に研究し，臨床的な視点からその概念を記述した。彼によると，生来的な羨望という考えは，1922年までには提起されていた (アイスラー〔Eisler, 1922〕による論文であるが，そこで，アブラハムの仕事〔Abraham, 1919〕と重要なつながりが認められている)。しかし，ジョフェは，自分の考えの枠組みの中では，その概念を支持することはできないと断言した。彼は「羨望は対象関係があることを示すものであり，一次的自己愛の後に生じるはずのものである」という理由に基づき，クラインの見解を受け付けなかった。ジョフェにとって，羨望は一次的なものではなく，エスに内在する単一の欲動というよりも諸感情の複合体であった。「羨望を構成するには，エスの要素がいくつか必要であるが，羨望に特有の性質には，自我の貢献が含まれており」(1969, p. 540)，自我は，自己愛の段階 (彼の推測では2歳くらい) の後に存在するようになるものであった。ジョフェは，羨望が生じてくる以前に現れている必要がある自我の構成要素を次の4つに分けた。それらは，(ⅰ) 自己と対象を区別する能力，(ⅱ) 空想する能力，(ⅲ) 空想上の願望充足と幻覚的満足 (すなわち，内的現実と外的世界) とを区別する能力，(ⅳ) 一つの感情が持続するようになっていること，である。これら

は，ゆっくりとしか発達しないものであると彼は主張した。

　ジョフェが，そのクライン派の概念を批判した，というのは正しいとは言えない。彼はその概念を誤解しており，本能衝動の不満足と関連づけて考えていた。彼は，「**誕生から**自分自身のために与えることを故意に差し控えているとみられている，授乳する乳房」（p. 538）が羨望されると述べている。実際のところは，羨望は，それがよいものであるがゆえに，そのよさを台無しにしようとすることであり，そのよさの出し惜しみによって不満が生じているために台無しにしようとすることではないからである。分析の中でしばしばそれが起こるのは，分析家が解釈を差し控えることなく，実際に患者に与えるからなのである。ジョフェが理解し損ねたのは，よい対象に悪い感情を向けるという混乱という着想なのである。

　ジョフェは，クライン派における羨望の概念は，自我心理学の枠組みとは相容れないということをはっきり示した。実際，1946年頃からクライン派の理論は，欲動理論に基づく古典的な自我心理学とは遠く離れていった。そのため，古典的な自我心理学者たちにとって，クライン派の概念的な枠組みの特徴やニュアンスを理解することは難しく，なおかつ見解の相違が起こるポイントを正確に見分けることも難しかった。結果的に，両者の間の有益な対話が行われなくなっていった。

　クライン派の外側にいる者から見ると，「羨望」という概念は，クライン派の精神分析が徹底的に悲観的であるという見方を裏付けた。なぜなら羨望が生来的なものであるように見えるからである。羨望は変わらないものとして想定されており，そうなると，羨望を，自分にとってより心地よい現象に還元しようとするようになる。人間の本性には，攻撃性や理不尽な破壊性が深く染み込んでいるということは，誰も向き合いたくない，陰鬱な認識なのである。実際のところ，この羨望に関する仕事において，クラインが悲観的だったという見方にはいくらか真実があるのかもしれない。

　その患者と私の双方が，彼女が私に向ける破壊的な羨望の重要性を認識するようになった。そして，この深い層に到達するといつも，そこにある破壊衝動がどのようなものであっても，万能的な力を持つと感じられ，そうであるが故に，取り返すことも治すこともできないと感じられた（Klein, 1957, p. 207）。

　著名なところで，ハイマンやウィニコットといった，クラインの「羨望」という概念をよく理解して批判できる位置にいた分析家たちは，妄想・分裂ポジション理論が導入された後に，すでにクライン派の考えからかなり距離をとっていた。ハイマンは，「羨望」についての見解を公刊される形では残さなかった。そして実際に，妄想・分裂ポジションにおいて記述される投影同一化といった概念や，分裂という考えを使うことはなかった。ウィニコットは抑うつポジションの重要性やよい対象に対する気遣いについて受け入れてはいたが，クラインが妄想・分裂ポジションで破壊性を強調することからは距離を置いていた。彼は，投影同一化という概念をほんのわずか使っただけであり，クラインが記述したような「羨望」という概念には強く異議を唱えたようである。ウィニコットの批判にも公刊されたものはないが，生得的な羨望は，彼にとって，環境や母子固有の絆の重要性や，人間の生得的な創造性を棄却するものだったように思われる。

まとめ

　クラインは，精神分析が最初に説明した神経症レベルの無意識より「さらに深い層」への包括的な理解を明らかにした。そこで持ち上がってきた問いは次のようなものであった。フロイトよりもさらに深く到達し理解する，この概念的な枠組みは，実践上有用なのだろうか？

　クラインは，人を狂気に駆り立てる極限の苦痛を探求した。おそらく，彼女がそのことを他の分析家たちに向けて提唱したことは，患者の耐え難い経験を知ることを他の分析家たちに要請し，それを強いることにもなったということには気がついていなかっただろう。したがって，彼女の羨望に関する考えは，拒絶される傾向にあったということは驚くことでもない。1940年代には，彼女の考えは広範囲にわたり拒絶されたにも関わらず，クラインは同僚たちと共に，彼女の分裂メカニズムがどのように心の精神病状態の諸側面を解明するのか，さらに探索を進めた。

　それでは，精神病現象のさらなる理解へ向けて，クラインは次にどのようなステップを踏み出しただろうか？

第17章　精神病的「現実」とは？

クラインは，心の原始的な水準やプロセスを，長年研究した。それは1920年代初めにアブラハムの仕事に関心を持ったことに遡るが，少なくとも1930年にはその研究は始まっていた。肝要なのは，このプロセスは理論的には精神病的障害の問題であるということである。1929年に，ある精神病的な男の

> **キーワード**
> ■ 精神病
> ■ 置き換え
> ■ 象徴形成
> ■ 現実の分割・排除

子との治療を行った時に，彼女は自分のアプローチが役に立つのかどうかという問いについて掘り下げて考えることができた。彼女は，このディックという男の子の重篤な欠損の探求の基礎を象徴形成においた。

では，クラインは，精神病的状態と精神病的経験の情緒的起源をどのように考えるようになったのだろうか？

精神分析における中心的関心のひとつは，人間がどのように象徴を用いるのかということである。実際，象徴化は，あらゆる文明や文化の基礎にある機能である。フロイトは多かれ少なかれ，最初に精神分析を生み出した時，夢の象徴の研究にその基礎を置いていた（Freud, 1900）。クラインは，子どもたちの観察のまさに初めから，知性の発達に関心を持っていた。そして1929年に，彼女は，（ディックと呼ばれる）男の子との治療を始めた。その男の子は，ほとんど玩具で遊ぶことができず，言葉さえ使うことができなかった。彼ができたのは，ただでたらめに走り回ることで自分の苦痛を表出することだけだった。おそらく彼は，現在では自閉的と呼ばれる特性を持っていた。もっとも，自閉症という診断概念は，1943年になるまでは存在しなかったので，当時は統合失調症と診断されていた。クラインは，ディックを通じて，子どもの知的発達に対する関心を発展させていく機会を得た。それは，ディックの象徴使用の何がうまくいかないせいで自分の感情や考えを表現できないかを理解することによ

ってもたらされた。

　フロイトの夢への関心が，抑圧され隠された心の状態を発見することにつながったのに対して，クラインは，象徴を作り出す人間の性質そのものに関心を持った。ディックが他者と関わり，言葉を持ち，自分の行動や体験を組織化し始めることができるためには，ひとつのものを他のもので代理できること，すなわち象徴化のプロセスが必要であるという理解にクラインは達した（Klein, 1930）。彼女は，解釈をすることで，自分の仮説を検証していった。こうした解釈によって，ディックは少しずつ彼女と関わるようになっていったのである。クラインが考えた仮説は，それまでに会った子どもたちとの臨床に基づいていた。その幼い男の子，ディックは，彼女がみた他の子どもたちと同じように，自分の攻撃性に苦しんでいた。しかし，ディックの場合，その苦しみの度合いが強く，自分の攻撃性から逃れることが決してできなかった。クラインが気づいたのは，普通の子どもたちが自分の攻撃性に対処する方法のひとつは，攻撃性を最初の愛する重要な人物から別の代理物に向けかえるということであった。あるいは，愛する人から離れ，別の人に愛情を向けることである。子どもは，母親っ子になったり，父親っ子になったりを頻繁に行き来する。そして，子どもの世界には別の人もいて，乳母やベビーシッター，最終的には，教師や友人，友人の家族などにも関心を向ける。もちろん，子どもたちは玩具を用いて遊びの中で自分の感じたことを表出するのである。このときの玩具が，子どもが使用する最初の象徴である。

　かわいそうなことに，ディックは，それができないように見えた。クラインが認識したのは，彼の攻撃性の強度はとても高く，そのため，関心を代理物に向けると，そこにまたすぐに攻撃性が現れ，取り扱うことの難しい同じ問題がやはり舞い戻ってしまうということであった。攻撃性についてのクラインの解釈と理解によって，徐々にディックは，自分の攻撃性が救いようもなく手に負えないものではないと感じることができるようになった。

　このことから，クラインが認識したのは，象徴の創造は重要であるということであり，それは（a）代理物，何よりも最初の愛する人の代理物を作るからである。そして，（b）象徴がなければ，心が発達することは決してないからである。ここで肝要なのは，これが，心が存在できるか否かが問われる状況であり，それは多くの精神病の特徴であるということである。

象徴形成についての新たな理解

　クラインには，才能ある弟子たちがいた。そのひとりにハンナ・シーガルがいた。彼女は原始的防衛メカニズムについてのクラインの着想を早くから取り入れ，臨床場面でそれを探求した分析家のひとりであった。エドワードという患者を治療する中で，これらのメカニズムの概念が，統合失調症を抱える患者が呈する現象に合致しているのを確かめた。それはクラインが予測したことだった（Segal, 1950）。この患者は，1945年に治療を開始したのだが，それは精神病に有効な薬物が現れるずっと前のことだった。

　統合失調症のある側面について，シーガルは重要な発見をした。統合失調症を持つ患者は，思考障害があることがよく知られており，それについて，精神科医たちは長年にわたり記述してきた。その非論理的で奇怪な思考形態には，いくつかの側面がある。シーガルは，そこに象徴形成の障害があると理解した。それは，象徴を実際に象徴であると認識することができるかという問題とまさに結びついていた。統合失調症を持つ患者は，象徴を象徴として認識する代わりに，象徴と，それが象徴しているものとを区別することができない。シーガルは非常に明確な例を挙げている。

　　二人の患者から，非常に単純な例を挙げよう。ひとりは私がＡと呼ぶ患者であり，統合失調症で精神科病院に入院していた。彼は，病気になってから，なぜバイオリンを弾くのをやめたのかを主治医に尋ねられたことがあった。Ａは怒った口調でこう答えた。「なぜって？　あんたは私に公衆の面前でマスターベーションしろって言うのか？」

　　別の男性患者Ｂは，ある晩，彼と若い女の子がバイオリンの二重奏曲を演奏する夢を見た。彼はバイオリンを弾くことやマスターベーションなどへの連想を持っており，その連想から，バイオリンは彼の性器を表しており，バイオリンを弾くことは，その女の子との関係におけるマスターベーション空想を表していることがはっきりと浮かび上がっていた。

　　ここで二人の患者は，明らかに同じ状況で同じ象徴を用いている。バイオリンは男性器を，バイオリンを弾くことはマスターベーションを表していた。しかしながら，象徴の機能の仕方は非常に異なっていた。Ａにとって，バイオリンは完全に性器と等価視されていたため，それに公衆の前で触ることは不可能となってい

た。一方 B にとって，覚醒時にバイオリンを弾くことは，重要な昇華となっていた
(Segal, 1957, p. 391)。

　適切な象徴によって，性的な対象を，それとあからさまにはわからない仕方
で代替する形で本能を使用することが可能となる。それは，卑近ではなくなり，
崇高なものになる。クラインと同様，シーガルも，夢の象徴だけでなく，象徴
全般，すなわち直接意識化できない心の要素の性質を探求したのである。彼女
は，「昇華において使用される象徴も網羅するために，定義を拡張することは，
大きな意義がある。第一に，より広く定義することで，通常用いられているこ
の言葉の用法により一致するようになる」(Segal, 1957, p. 392) と述べている。
　シーガルが患者の世界と振る舞いの奇妙さを辿っていくことで行き着いたの
が，このように，患者は，象徴と象徴されるものとの微妙な区別を見分けられ
ないし，また象徴の性質について自分が混乱していることにも気づけないこと
であった。統合失調症状態における問題は，具象的思考と呼ばれており，シー
ガルの発見ではない。彼女がしたのは，具象的思考がどのように生じるかを示
したことである。彼女が言うには，具象物と象徴との識別の問題は，クライン
が記述した原始的メカニズムのひとつから生じている。それは，投影同一化と
呼ばれるメカニズムである。
　ここまで見てきたように，投影同一化には，分離という現実の否認がその目
的の一つにある。そのため，現実感覚（フロイトはそれを「現実原理」と呼ん
だ）は歪曲される。その帰結として，象徴と，それが現実において象徴するも
のとの混同という問題が生じる。真の象徴には，たとえばバイオリンはあたか
もペニスのようなものと言うように，「あたかも〜のようだ」という性質があ
る。
　象徴に関するこの問題は，語の使用にまで拡大される。あたかも語それ自体
が，その語が象徴するものであるかのように使用される。シーガルは別の患者
の例を挙げている。

　分析が始まった週のあるセッションに，彼は顔を赤らめ，くすくす笑いながらや
ってきた。そして，そのセッションの間中，私に話そうとしなかった。その後，こ

のセッションの時間の前に，彼は以前から作業療法のクラスに通っていて，そこで大工仕事をし，スツール[訳注8]を作っていることがわかった。彼が話さず，顔を赤らめ，くすくす笑っていたのは，自分がやっている仕事について私に話す気になれなかったからであった（Segal, 1957, p. 391）。

「スツール」という語は，大便そのものに感じられ，話すとすぐにそれが部屋の中に入ってきてしまうので，口に出すことができなかった。統合失調症における言語は極めて混乱している。

臨床でのこのような出来事は，分裂メカニズムについての論文の中で，クラインが記述していることを裏付けた。それら原始的なメカニズムは実際に生じているようであり，観察されうるのである。この仕事は重要であった。なぜなら，メラニー・クラインを取り巻く人々のグループが，クラインが直接導いたのではない，新たな方向へと進んでいった，最初の例のひとつであったからである。もちろん，シーガルの論文が書かれ発表されるのに先立って，その発見についてクラインがシーガルと密接に議論していたことは大いにありうる。

まとめ

　1930年のクラインの仕事，そして20年後のシーガルの仕事によってもたらされたのは，クラインが発展させてきた新たな概念を通して心の精神病状態についての新たな理解が得られたことであった。それだけでなく，その新たな理解には，子どもにおける発達のプロセスが含まれており，象徴形成という極めて重要な現象への理解も含まれていた。

次の第Ⅳ部では，クラインの人生の終わりにあたり，また，彼女の死後の進展において，これら新しい着想が，治療実践とその効果に与えた衝撃がどのようなものであったのかを見ていく。

それでは，クラインが手をつけた仕事が，彼女から分析を受けたり，指導を受けたりした分析家たちによって，どのように進展していったのであろうか？

訳注8）stool には，大便の意味もある。

第Ⅲ部のまとめ

　第Ⅲ部では，私たちはクラインが無意識のより深い層と考えた領域に入って
いくのを追っていった。その領域は，20年以上前にカール・アブラハムが始め
た仕事を拡張したものだと，彼女は考えていた。

　それによって，クライン派の精神分析家たちは，それ以降20年ほど，重篤な
精神病を持つ患者たちに治療的であるが実験的でもある分析を行っていった。
結果として，そういった深刻な混乱を持つ人々が大いに助けられたという感覚
が常にあったわけではないものの，彼らとの精神分析によって無意識のより深
い層についてのクラインの概念は裏付けを得た。そこからクラインは「妄想・
分裂ポジション」という独自の概念へと進み，それは広く行き渡った。特に投
影同一化という見解は広範に用いられるようになった。クラインは，1960年に
亡くなるまで，これらの理解の発展に積極的に関わった。しかし，この領域の
地図を作るというプロジェクトは，今日に至るまで彼女の同僚によって引き継
がれており，それは次の第Ⅳ部で見ていくことにする。

　メラニー・クラインは，彼女の新しい見解に同意してくれる人を必要としてい
た。彼女が自分の支持者に大きく依存していたことを認識しておくことは，
非常に重要である。1930年代にクラインの考えに同意しない人々が現れ始めて
から，彼女の周りには，彼女が生み出そうとしていた新たな着想を支持するた
めに人が集まっていった。当時その中で傑出した人物として，ジョーン・リヴ
ィエール，ポーラ・ハイマン，スーザン・アイザックスがいた。この小さなグ
ループで，1943年-1944年の大論争を乗り切った。その後，1945年からはハン
ナ・シーガル，ハーバート・ローゼンフェルド，ウィルフレッド・ビオンとい
った新たな世代がその跡を継いだ。このグループは，シーガルの象徴化理論と
いった新しい着想に対してそれなりに開かれるようになった。そしてローゼン
フェルドとビオンは，今日のクライン派精神分析を特徴づける独自の貢献をし
た。それらについては，次の第Ⅳ部で扱う。

　この段階におけるクラインの関心は，自我の形成もしくは歪曲であった。と

りわけ，より深い層では，自我／自己の存続をめぐる恐怖が関わるということであった。そのような不安は，リビドーが生の欲動の生物学的性質において生じるのと同じように，おそらく死の欲動の生物学的性質において生じている。

1. 自我から見ると分裂は，自己絶滅である。
2. これは，対処不能な経験と，それを経験する自我の一部を除去するために起こる。
3. その結果，自我の一部が失われる。自我は貧困化し，いくらかの機能がなくなってしまうだけのように見える。
4. 対象関係論の視点から見ると，自我の分裂排除された部分は，絶滅させられてはいず，対象の中にあるとみなせるかもしれない。このように，悪い自己は母親の中に投影され，母親が悪い自己の実在**そのもの**となる。
5. 文字通り，アイデンティティの一部が投影される。つまり投影同一化。
6. 対象は，自我の経験する部分ともに，投影された経験を内在化することがある。対象は，その経験を実際に感じることによって，その経験を取り入れ認識する（摂取同一化）。
7. しかしながら，その後，投影同一化にはいくつかの形態があることがわかった。心的排泄の一種で，単に対処できない経験を排出するためのこともあれば，対象との分離を否認するためのこともある。それは，対処不能な経験が，分離の痛みに関係している場合である。
8. その他には，過剰であったり貧困化させたりする分裂が事前に起こることなく，投影同一化が生起することがあるのがわかってきている。その場合，自己と対象の双方が，その経験をし，共有する。
9. ビオンが示したように，通常の状況では，投影同一化は，主体の心の状態を対象に知らせるためのコミュニケーションの形をとる。それどころか，これ以外の投影同一化の形態も，心理療法において，それをうまく活用できれば，患者の心を知るのに役立てることができる。

　以上の点が，クラインが無意識のより深い層とみなしたものの特徴である。ここで鍵となるのは，自我の分裂であり，それは抑圧とは区別される。分裂においては，ある内容が，単に意識から取り除かれているだけでなく，（対処不能な経験を生じさせる）自我の一部が自我の残りの部分から取り除かれる。最

後に第Ⅳ部では，この「より深い層」の現象について，現代のクライン派の分析家たちがどう見ているのかについて話を進めていく。

さらなる読書のために

Klein, M. (1946) Notes on some schizoid mechanisms. International Journal of Psychoanalysis 27: 99-110. Republished (1952) in Heimann, P., Isaacs, S., Klein, M. & Riviere, J. (eds.) Developments in Psycho-Analysis: 292-320. London: Hogarth.　狩野力八郎，渡辺明子，相田信男訳（1985）分裂的機制についての覚書．メラニー・クライン著作集４．誠信書房.

Klein, M. (1957) Envy and Gratitude. London: Hogarth.　松本善男訳（1975）羨望と感謝．みすず書房，(1996) メラニー・クライン著作集５．誠信書房.

Hinshelwood, R. D. (1991) A Dictionary of Kleinian Thought. London: Free Association Books.　衣笠隆幸総監訳（2014）クライン派用語辞典．誠信書房.

Feldman, M. (1992) Splitting and projective identification. In Anderson, R. (1992) Clinical Lectures on Klein and Bion. London: Routledge.　木部則雄訳（1996）スプリッティングと投影性同一化．クラインとビオンの臨床講義（小此木啓吾監訳）．岩崎学術出版社.

Bronstein, C. (ed.) (2001) Kleinian Theory: A Contemporary Perspective. London: Whurr.　福本修，平井正三監訳（2005）現代クライン派入門——基本概念の臨床的理解．岩崎学術出版社.

Quinodoz, J.-M. (2008) Listening to Hanna Segal: Her Contribution to Psychoanalysis. London: Routledge.

Spillius, E. B. et al. (2011) The New Dictionary of Kleinian Thought. London: Routledge.

Rustin, M. and Rustin, M. (2016) Reading Melanie Klein. London: Routledge.　松木邦裕，武藤誠，北村婦美監訳（2021）リーディング・クライン．金剛出版.

Steiner, J. (ed.) (2017) Lectures on Technique by Melanie Klein: Edited with Critical Review by John Steiner. London: Routledge.

第Ⅳ部　基礎^{ベーシックス}を超えて──真実

　1960年にメラニー・クラインが亡くなる頃まで，彼女のグループは小さかっ
たが，その小ささはメンバーの貢献によって補われていた。グループの結束は
固く，創始者が亡くなった後も続く多くのグループとしては珍しく，クライン
のグループは発展を続けた。クラインの『著作集』の編者であり，この本の
「イントロダクション」（p. 3）でも引用した，マニ・カイルは，次の三つの
歴史的段階を記している。すなわち，（ⅰ）性的制止に対する関心，（ⅱ）無意識
の葛藤の探究（そこには超自我から生じる葛藤も含む），（ⅲ）真実の問題，無
意識的な誤知覚の問題，幻覚の問題（Money-Kyrle, 1968）である。シーガルが，
エドワードという精神病の患者に見出し，研究し始めていたのが，この誤知覚
についてであった。エドワードは，第17章で説明したように，現実を適切に知
覚することができなかった。後継者たちの研究は，はじめから，クラインの仕
事から発展していく動きがあった。クラインの後に続くこのグループの着想は，
創始者がいなくなった後のグループによく見られるように形骸化したりはしな
かったのである。
　クラインの死後，彼女の後継者たちの多くは，人間におけるより破壊的な力
が，精神分析治療の中でどのように感じられてくるのかをじっくりと考察して
いった。第18章では，その探求が向かった二つの方向を辿る。一つの方向は，
特にローゼンフェルドに関連した仕事である。ローゼンフェルドは，重篤なパー
ソナリティ障害において自己破壊性がどのように現れてくるかに関心を寄せ
た。重篤なパーソナリティ障害は，精神病と隣接しているが，統合失調症や躁
うつ（双極性）障害において概ね見られるような 解 体 の様子が見られな
い。もう一つの探求の方向は，このより破壊的な力が，セッションの**プロセス**
のなかで，どのように感知されるのか，そして陰性治療反応としてどのように
姿を表すのかの考察である。この問題については，ベティ・ジョセフと現代の
代表的クライニアンである，ロナルド・ブリトン，ジョン・スタイナー，マイ
ケル・フェルドマン，イグネス・ソドレらによって探求されてきた。この方向

性は，クライン派の臨床的アプローチの発展に強い影響を与えてきた。

　この後者のテーマは，容器 - 内容，あるいは単純に「包 容」の考えと密接に結びついている。第19章では，赤ん坊と母親との相互交流や，患者と分析者との相互交流といった極めて実際的な形態の容器 - 内容について記述する。これは，主にウィルフレッド・ビオンによって1959年から展開された考えであるが，1946年のクラインによる投影同一化の記述に直接は由来する。患者が持ち込む言葉にならない耐え難い体験を，分析家が言葉にして包容しようとするというあり方は，スタンダードな見方になってきている。それは，象徴が意味を適切に包容しているのか否かについてのシーガルの着想ともつながる。臨床での出会いにおける情動経験の統覚，あるいは（ビオンが選んで使ったように）直観は，新たな探索方法へとつながっていった。それは，患者を前にした時の分析家自身の経験を強調したものである。このことは，クライン派の伝統における，逆転移の発展へとつながっていく（第18章）。

第18章　病理的組織化──マフィアの中には誰がいるのか？

とりわけ妄想・分裂ポジションでの情緒
経験において，自我の分裂，無意識的空想，
投影同一化に関する見解をクラインが発展さ
せていったことで，分析技法が修正されてい
き，新しいタイプの患者と分析を行う可能性
が開かれた。そこで，クラインの後継者たち
は，精神分析の理論と実践の発展の方向性

> ## キーワード
> ■ パーソナリティの防衛的組
> 　織化
> ■ こころの退避
> ■ 否定的自己愛

についての新たな問題に直面しそれらに取り組んでいった。
　精神分析史の初期から，ドラの症例は，精神分析のプロセスに抵抗している
ように見える患者がいる理由について，関心を引き起こしてきた。クラインの新
しい着想は，古典的な解釈によって触れることができないように見える人を分
析できるようになるのに，どのように役立ったのだろうか？

　メラニー・クラインの死からおよそ10年後に，ローゼンフェルド（Rosenfeld,
1971）は，彼が否定的自己愛と呼ぶものを記述した重要な論文を書いた。彼の
男性患者のひとりは，横柄な態度を示し，分析家と分析とを相手にしないよう
にみえた。分析の中では，自分が頼っている人やものに対して注意を払わない
ようにみえた。あるいは，そのように思われた。
　自己愛についてのフロイトの見解は，ゆっくりと形成された。それは，リビ
ドー（愛や生命やセクシャリティを求める本能）が向かう方向性に関するもの
であった。別の言い方でこのことを述べてみよう。生まれて間もない乳児は，
多かれ少なかれ生得的に，愛情の対象を見つけ，その対象から生命を引き出し，
刺激や満足を得る。それはリビドー備給と呼ばれるが，それは関心を注ぐ対象
を見つけることである。人は成長して，性的本能が優勢になると，性的満足や

情緒的満足を得るために，対象，すなわちパートナーを探し求める。

　さて，ある環境下では，リビドー備給は修正され，その目標は変わり，求める対象の種類も変わる。赤ん坊が生き残るのに必要とされる，生への熱望には，本能的に自己そのものを対象として求めることが含まれている。このように最早期の乳児期には，リビドーは，少なくとも部分的には，自分自身に向けられるが，他方，乳児は，生きるために，そしておなかが満たされるために乳首を吸うのである。実際の外的対象から関心を引き上げ，自己に向けかえることは，ナルシス自身が，自分にばかり注意を向けたことと重なる。生命や自己が生き延びることに対して注意を向けることは，確かに重要なことであり，それは自然の力ではある。このようにリビドーは対象と自己という二つの方向に向いているのである。

　リビドー備給のこのような修正が，極めて異常なことがあり，病理的と考えられることがある。たとえば，精神病のような非常に重篤なメンタルヘルスの問題についてフロイトは考え，その結果，統合失調症を自己愛的な状態であるとした。そういった場合，注意が現実の外的世界から徹底的に引き戻されるので，個人は自分自身が作った世界の中だけで，生活するようになっていく。

　これはリビドーが見せる多様な修正のうちの，複雑に込み入った組み合わせのひとつである。そこで，私たちは死の本能に関して，生の本能を補完する精神的な力として，何を想定することができるだろうか。

否定的自己愛

　ハーバート・ローゼンフェルドは，否定的自己愛を，自己に向けられた攻撃性として記述した。フロイトの用語において，死の本能とは，あらゆる有機体が，究極的には死へと向かう生を生きる傾向のことだった。フロイトは，死の本能は，生物における熱力学第二法則[訳注9]に相当するものであり，物理的構造と複雑性の解体へと向かう法則であると考えた。つまり，灰は灰に，である。有機体には，物質のエネルギーのように，消耗していく傾向があり，エネルギーの余剰は放出される傾向がある。これは非常に風変わりなアナロジーであるが，攻撃性と愛との間の緊張を子どもの中に見て取ってきたクラインにとって

訳注9）エントロピー増大の法則

は，子どもたちに見られるそういった緊張は，生命を生きながら，同時に死へと向かう有機体というフロイトの記述に明らかに示されている緊張のことであるように思えた。リビドーは，自己を生かし続けることをめざしているが，一方でクラインは，攻撃性にも自己に向かう同様な方向性があると考えた。そして，その顕れのひとつが，おそらく，自己を罪悪感で攻撃する，過酷で無慈悲な超自我の発達であろうと推測した。超自我はしばし実際の両親よりも過酷であり，自己に向けられたこの過剰な厳しさは，死の本能の要素によって与えられており，自己の内部に修正されないまま残る。このクラインの着想は，フロイトも認めていた。

　クラインの後継者の一人，ウィルフレッド・ビオンは，こうした特徴ゆえに，それを自我破壊的超自我と呼んだ。このように，超自我は，自我に大きなプレッシャーをかけ，その現実を認識する能力を麻痺させ，考えるプロセスにも干渉する。たとえば，別々の知覚や，知識の断片同士のつながりが遮られるのである。そのため，非常に自己愛的で精神病的なパーソナリティを持つ人は，いかなる新しい知識や議論に対しても拒絶的に反応するようにみえ，自分自身に固有の独特な論理に従っていることがある。その場合，心は経験から学んだり，将来その学びを使ったりする能力を失う。

　しかしながら，ローゼンフェルドは，この自己に向けられた攻撃性には一定の特徴があることを，こうした患者の中に見出した。それは，優越感への固執であり，普通の人間的価値に対する無関心であった。たとえば，他者に対する優しさや正直さ，同情心といった感情に対して軽蔑する態度を取り，とりわけ弱さや依存といった感情を否認した。その代わりに，このような残酷な自己を讃える，傲慢な思いやりのなさが見られる。この内的な葛藤状況は，その人のよい自己や愛する力，正直さ，忠誠心，人間的価値を脅やかす「心の中のマフィア・ギャング」として知られることになる。逆説的であるが，このギャングのような心の組織化は，葛藤の欠如といった経験をもたらす。多くの場面で，パーソナリティ／自己のより良い真正な部分は降参しており，長期間潜伏したままになっている。

　内的なマフィア・ギャングという着想は，現実の生活に由来する。実際にマフィア・ギャングが行なっていることを考えてみよう。構成員は，ギャングに承認された特別なルールに無条件の忠誠と堅持を誓い，その見返りに，所属感やアイデンティティの感覚，それに安全と生活の糧を得る。そのルールという

のは，社会の一般的ルールや慣習，法律，そしてしばしば道徳に反している。その一方で，大抵の場合，ギャングから足を洗うことはできない。一度構成員になったなら，そこを去るという選択肢はなく，仮にギャングを抜けようとするなら，無慈悲な報復がなされる。同様に，心の中のギャングのような防衛的組織化は，外的現実への依存や，社会的他者への憧れの兆しには反発し，そういった感情に対して，あらゆる攻撃的な力を動員する。これは，自分は全くもって自足している，という錯覚を維持するためであり，分離や喪失感のような不安から自分を守るためである。結果として，自己や自我は二つの対立する部分に分かたれる。成熟していることの多い普通の自己が，成熟の自己愛的な否定に没頭する否定的自己によって支配されているのである。

　ローゼンフェルドは，ある男性患者について記述している。その患者は，ちょっとした弱さの感覚にも反応して優越する立場をとるようになり，分析では，セッションを休み，代わりにしばしば娼婦のもとを訪れることで，自分が優位な立場にあることを示した。それは，典型的には，分析家の休みに反応して見られた。分析家の休みは，分析家への依存と，自分が依存している人物をコントロールすることができないということが示されるようだった。このように，その男性患者は，他者をあたかも自分のために使い，分析家は重要ではない，というメッセージを示していた。ローゼンフェルドは，こういう患者のパーソナリティは，自我のリビドー的でかつ否定的な部分を基にして構造化されている，という見解を持った。自我の愛は，その構造を弱めるので，自己の「より強い」部分によって取って代わられなければならない。強さとは，永続し満足をもたらす実りの多い愛を破壊することができるところにある，とその自己のより強い部分は思っているのである。創造することよりも破壊することの方が，より容易く強力であるように感じるのである。

　これは，他者を自分の駒として使うといった，他者に対して破壊的であると同時に，防衛的である態度の表れのように見える。しかしながら，ローゼンフェルドは，これが単に他者の価値を下げるだけでなく，他の人々を普通に愛し評価する部分を拘束するだけでなく脅すようになることさえある，と考えた。普通の人間的な愛を打ち負かしそれに優越することは，人間的価値や，自分の人生の中で重要な人々を愛し慈しむ力を持ち続けている自己の部分に攻撃を加えることであり，自己破壊性の原理の表れであるように思われる。

　このように，自我は「病理的に組織され」，二つの部分に分かたれる。ひと

つは，愛と人間的価値を表す部分であり，もうひとつの分離し，引き離された部分は，人間的な価値を咎める優越的な自己愛的な立場へと高められた否定的側面である。自我の後者の部分を，ローゼンフェルドは，「否定的」自我とみて，専ら肯定的自我を抑制しようとする意図を持っていると考えた。

微細なプロセス

　ローゼンフェルドは，この防衛が，自我構造として組織化されると記述し，それが分析セッションの流れの中で現れてくる様子を示した。自分が重要であるという患者の感覚に脅威が感じられた時，誇大な優越感が引き起こされ，その優越感は分析家や他のすべての人々を，自分の力を際立たせるために，単なる物として扱う。特定の解釈や，分析の休みを伝えるなどといった特定の行為に対して，患者がこのように反応することに，ローゼンフェルドは気がついた。

　この内的なプロセスは，分析セッションの流れの中で示される。ローゼンフェルドは，心の中の舞台において，この威圧の情景が繰り広げられていることを患者の夢に見てとった。そういった夢は，分析家の休暇のため分析治療が休みになり，患者が排除され，重要ではないと感じさせられるといった，忌々しい出来事の後に見られた。

　しかしながら，さらに分析プロセスを詳しく見てみると，刻々と変化するこういった破壊や自己破壊の兆候や詳細を，見てとることができる。ベティ・ジョセフは，患者と分析家の間の接触の質における微細な変化に，細やかな注意を向けることに着手した。たとえば，彼女は，とても消極的で知性的な男性としてセッションに現れた患者のことを記述している。あるセッションの途中で，彼女の解釈が，その内容が知的に薄められ合理化されることで，完全に意味を失い，特に情緒的なトーンも失われ，結果として分析家が排除された無能なものとして取り残されていることに，彼女は気がついた。

　しかし，その論文の後の方で，ベティ・ジョセフはこう説明している。

　分析において，その患者の私との関係には，明らかに関係の深まりに欠けていることが同じように見られた。患者は定期的に通ってきて，自分の問題や夢を持ってきて，解釈に耳を傾ける。そこで，彼は「そうですね」とか「興味深いですね」と

> 反応するが，私の解釈も私自身も彼にとっては重要でないように見えた。患者は，解釈をめぐり学術的に語ったり，極めて多弁になったりするが，私が言ったことの感触や重要性は失われていた（Joseph, 1971, p. 442）。

　この分析における相互作用の正確な記述には，患者が自己の望ましくない側面を分裂排除することで日々機能していることや，空想の中で，その望ましくない側面を，ほかの人々の中，特に女性の中に位置づけていること，そして，それらのことが分析の中の転移において再演されている様子が示されている。それは防衛的ではあるが，「攻撃としても使われていた」。これは単に自分自身の望ましくない部分を取り除く試みというだけではない。結果として，患者のパーソナリティは貧困化し，無感情になっている。それだけでなく，性的衝動や攻撃的衝動は（ほかの人々の中にあり）自分自身に所有されてもおらず，同時に対象をサディスティックにコントロールし，それによってその分離の脅威がないことを確かにするために用いられている。

> 　この男性に特徴的だと思うのは，性的興奮の取り扱い方である。特にそれは，彼の倒錯と受身性とまさに結びついていた。ここで，Bが自分から性的興奮を取り除くのに投影同一化を用いるのを示そうと思う。まず，私が示したように，彼の性的願望が，ある女性への依存心と愛情と結びついていて，その女性の役割と愛される力に対する羨望が引き起こされる場合に，彼の性的願望は取り除かれる。一度その願望が投影されると，彼はもはや女性に惹かれることがなくなるが，女性は彼を追いかけるようになる。次に，彼の興奮は分裂排除して投影されなければならず，耐え難いものとして感じられる。というのは，それが攻撃性だけでなく，手放す必要があるサディズムをも深く連想させるからである。しかし，ここで指摘しておこうと思うのだが，この興奮の投影は，ただ防衛的なだけでなく，対象を攻撃するためにも用いられている。とりわけ，その深みにおいて，乳房の穏やかで安定している様子に対する攻撃であり，その静謐で力強い栄養をもたらす性質に対する攻撃である。この性的興奮の投影は，当然ながら，彼を無感情かつ性的無能にし，音もなく姿も見えないタイプの転移の性愛化へとつながっていく（Joseph, 1971, pp. 442-443）。

セッションの中で起こる，この種のセッションを台無しにする動きや，優越を持ち込む動きについて，多くの例が，これまでのところジョセフや彼女の同僚たちによって記されている（Hargreaves & Varchevker, 2004）。彼らは，患者が自分自身についての真実を分析家に依存することに対して，分析家の作業と洞察への微細な否定のプロセスによって抵抗する様子を記している。

ジョセフは，自我の性質とその機能について，理論的な理解を付け加えることがほとんどなかったが，彼女の大きな業績は，セッションの中で起こっているプロセスを観察する分析家の能力に集中したことにある。そのような分析家の能力は，分析家が分析作業に取り組む際に，自分がどのような経験をしているか，そして患者が分析作業をどのように受け止め，それを公正にあるいは不公正に扱うのかに関する分析家の感覚に大きく依拠している。

このようにプロセスを細かく見ていき，よい仕事の否定的な結果に注目することは，フロイトが「陰性治療反応」と呼んだことの詳細版でもある。フロイト（Freud, 1937）は，晩年に，自分が編み出した方法が多くの人々を援助することができるか，懐疑的になった。しかしながら，ジョセフは，二人の間の精密な相互作用という見地からそこで何が起きているのかについての理解をもたらした。

この仕事は，精神分析セッションにおいて作り上げられ，発展する関係性への分析家の感受性に，多くを負っている。患者の感じていることだけでなく，分析家の感じていることこそが，二人の間の相互に影響するプロセスに対する指標をもたらすのである。この考えには，患者の感情に反応する分析家の感情という，逆転移に関する理解が含まれており，それは，フロイトの悲観主義以来続く逆転移理解に，新しい見解をもたらす結果となっているところがある。

まとめ

クライン以後もっとも重要な発見のひとつに，依存や正直さ，そのほかの人間的価値を，否定的な側面が支配するという形で構造化される，特定のパーソナリティの認識が挙げられる。このパーソナリティは，とりわけ分析のプロセスに詳細に注意を払うことで見出され，患者が分析家やその解釈を自身の優越性や偽自立性を維持するやり方として用いる様子の中に見出されてきた。

　もし，この実践における新しい発展が受け入れられるとすると，分析家のプロセスの経験，つまり逆転移に対して，非常に敏感になる必要があることに気がつく。クライン以降逆転移がどう捉えられてきたかについて一定の説明が必要であろう。

第19章 包　容
コンテインメント

第15章から見てきたように，理論を増やすのではなく技法に焦点を当てることが，クライン以来のクライン派精神分析の発展の中でもっとも顕著な特徴になっている。クラインは「技法」についてあまり多くを書かなかったし，精神分析治療の詳細なハウツーを書くこともなかった（彼女の技法論はSteiner, 2017を参照）が，彼女の理論は，

キーワード

- 容器-内容という概念
- 逆転移
- コミュニケーションとしての投影同一化
- 夢想

上述した分析作業の方法を考え出すうえで，豊かな実りをもたらしてきた。しかしながら，投影同一化のように重要な着想が，ほとんどフェティシズム的な関心の結果，使い古される危険が生じるという問題が持ち上がった。

このような，発展しつつある概念として，どんなものがあるだろうか？

フロイトは，精神分析治療の中での分析家の感情について，常に深い疑念を感じていた。この問題は，精神分析の早期には，ザビーナ・シュピールラインという患者とカール・ユングとの明白な非倫理的な関係，フェレンツィのある患者とその母親との関わり（最終的に，フェレンツィは母親の方と結婚した）をめぐって生じた。しかしながら，フロイトの死（1939年）のあと10年かそこらで，このように分析家個人，そしてその人間性に対する疑念が起こり，それが精査され，考え直されることになった。

逆転移

クラインは，逆転移の新しい見方を十分には受け入れていなかったが，それまではメラニー・クラインの賛同者だったポーラ・ハイマンの仕事（Heimann, 1950）の中に，その変化が現れ出た。分析家の感情は，患者の感情を理解する

ための潜在的な資源であり，それゆえ転移を理解するための資源でもあると見られるようになってきた。たとえば，怒りに満ちた患者には，傷ついた分析家がいるだろう。罪悪感を持つ患者には，患者を叱りつけたい分析家がいるだろう。分析家は，実際に叱りつけないように思いとどまる必要があるが，自分自身の感情をないことにすることはできない。つまり，分析家は叱る衝動に身を任せる代わりに，その衝動は分析家自身というより，そうした衝動を持つような**文脈**にいる分析家の中にあると認識する必要がある。もちろん，分析家がいる文脈というのは，その時の患者との治療関係のことである。分析家がいかに叱りつけやすい傾向にあるにせよ，その衝動は，この治療関係の中で，その患者となんらかの関係があることとして生じているのである。患者は，叱りつけられるべきだと感じており，分析家の癇に障るように話をしていたのかもしれないのである。

　もちろん，精神分析家はこういった状況にさらされて，衝動に屈してしまうかもしれない。このことを，私たちは，無意識の情緒的シナリオの実演（エナクトメント）と呼ぶ。実際のところ，時折，分析家は分析外のことで，ある種の感情を持つこともある。たとえば，その患者とのセッションへ出かけるちょうど前に，手を焼いている自分の子どもをなんとかしたいと思っていたとか，である。個人的なことに起因するため，逆転移はたいてい疑わしいものである。そこで，精神分析家は，主観性に基づく捉え方に歪みが生じないように十分に用心する必要がある。それにもかかわらず，分析外の文脈が分析家のその時の反応を決定するのと同じように，治療関係の文脈は，分析家の，まさに「今の」経験を決める強力な決定因であるという原則は成り立つ。ほかの車と道で衝突するといった気持ちの挫かれる経験をしている人には，多かれ少なかれ，相手の運転手を責めたいという衝動があり，実際に相手を叱りつけることもある。それは自然なことだと言えよう。多くの人は，（瞬間的に）互いに相補的な役割の組み合わせのどちらの役割をとるようになる。それは，自然に生じるロールプレイのようなものである。同じような直観的な反応性は，精神分析家にも当てはまるだろう。分析家は，患者との情緒的な役割を，おそらく一時的なものであったとしても，瞬間的に引き受けていることを認識する必要がある。もし分析家が自分に起こっていることを認識できるとしたら，その認識は，確固たる証拠とは言えないものの，患者が，相互に作用している役割関係の中でどのような経験をしているのかを理解するための強力な手がかりとなる。

　これには，かなり慎重な訓練が必要とされる。たとえば分析家は，自分自身を十全に経験していることが必要とされ，それは分析家自身の分析でなされるべきであろう。分析家が，なんらかの相補的な役割にはまり込んでいるのを認識し損ねていることもあるが，完全に自分の主観のなすがままになってしまうわけではない。自分が演ずることになっている役割を見つけることこそが，分析家の能力なのである。その役割は，無意識に行われている相互作用について何らかのことを教えてくれている。

　しかしながら，この技法上のプロセスにおいて，分析家は，患者の感じ方について別の情報源を持つ。その第二のコミュニケーションの経路は，そのセッションの実際の素材である。たとえば，夢は，登場人物を偽装することもあるが，叱りつけられる罪深い人物という類似した状況を示すこともある。たとえ偽装されていようとも，夢が，そのセッションの相互作用の中での分析家の経験を辿っているように見えるストーリーと比較できるパターンを持ったストーリーを語っているのであれば，両方に共通するストーリーの流れは，分析家と共にいる，まさにその瞬間における患者の心の状態にとって重要なものであると分析家は推測してよいだろう（Hinshelwood, 2017）。あるいは，フロイト（Freud, 1917）が言ったように，こうも言えるだろう，「それは，患者の中の何かと付合する」と。

無意識から無意識へのコミュニケーション

　先ほど示したように，投影同一化は，空想から始まる情緒的な接触と現実化のプロセスであるが，実際に他者の内側に侵入し，ある心の状態を引き起こす情緒的相互作用のプロセスを記述するのに用いられる用語である。この奇妙なプロセスにおいては，ある特定の種類の経験だけでなく，自己の機能も排除されて誰かのものとなる。投影同一化は，元々，重篤な精神障害，特に統合失調症に関連して記述された。しかしながら，臨床で生起する投影同一化に関する記述が積み重なると間もなく，別の形態の侵入的な相互作用が，ウィルフレッド・ビオン（Bion, 1959）によって描き出された。ビオンは，それを「正常な」形態の投影同一化と呼んだ。これは，上述したように，精神分析のセッションにおいて，患者が自分の苦痛を無意識的に伝えてくるのに対し，分析家が何らかの形でそれを緩和しようと応答するというプロセスである。それは，苦痛を

言葉にすることによってなされるかもしれないし，患者の（無意識の）防衛的な操作を支持することによってなされるかもしれない。あるいは，サドマゾ的な満足に加担することによってなされるかもしれないのである。

　ビオンがこのコミュニケーションの性質を持った投影同一化を初めて見出したのは，対処不能な恐怖になんとか対処しようと苦闘しているある患者においてであった。その患者は，分析家に自分と同じように感じさせることによって，その恐怖を伝える機会を持つことを求めたように思われた。そこには，分析家は，その経験にどうしたらよいのか知っているべきであり，その経験を扱うことができ，患者自身がそれを扱うことができるようにしてくれるべきであるという考えがあるようであった。情動経験を思いやりのある態度で，納得いく意味を持った形で患者に返すために，分析家はその経験を取り込み消化しなければならない，と言えるだろう。

　ただちにビオンが認識したのは，これが母親と赤ん坊の間の最早期の原初的な相互作用に見られるような，人と人とが互いに影響を与えるやりとりであるということであった。新生児が泣く際，誰も面倒を見てくれる人がいないと，ますます激しく泣き叫ぶようになる。しかしながら，必要とされているのは，誰か面倒を見てくれる人がいるということだけではない。ここで，ビオンがどのようなことを直観したか，ビオン自身による記述を見てみよう。

　分析状況において，私の心の中に，極めて早期の情景を目撃している感覚が形作られていった。私は，患者が乳児期において，乳児の情緒的な表出に義務的に応答する母親を経験していた，と感じた。その義務的応答には，「この子は一体，何が不満なのか，わからないわ」というイライラする要素が含まれていた。私の推測するところでは，子どもが欲していることを理解するためには，母親は乳児が泣くのを，自分がいてくれる以上のことを求めていることとして取り扱うべきであった。乳児の視点に立てば，母親はその子どもが泣いている恐怖を母親自身の中に取り込み，それを経験しているべきなのである。その子どもが包容することができないのは，まさにその恐怖なのである。乳児は，懸命にその恐怖を，恐怖を感じているパーソナリティの一部とともに分裂排除し，母親の中に投影する。理解しようとする母親は，その赤ん坊が投影同一化によってなんとか取り扱おうとしていた恐怖の感覚を経験することができ，それでもバランスの取れた見方を維持することができる (Bion, 1959, pp. 312-313)。

　乳児からすると，養育者は非常に明確にあることをすべきなのである。乳児は，生まれたばかりであるため，自分が把握することができない経験もずいぶんとある。また，泣き叫ぶなどのやり方以外，意味のある方法で伝達することができない。「金切り声」を上げて泣くという便利な言い回しがあるが，乳児は「青い死」を叫ぶと言ってもいいかもしれない。なぜなら，そこには死の空気が漂っているようだからである。それは乳児が死の意味を分かっているということではなく，何か恐ろしくて扱うことができないものに脅かされているという意味である。それが空気の中に漂っていれば，乳児は叫ぶことでそれを示す。その際，それは母親の中に置かれている。そこでは摂取と呼ばれるプロセスが起こり，母親はいまや赤ん坊の死の経験をしている。つまり，母親は，赤ん坊の心の状態に同一化している。形にならず意味のない乳児の恐怖は母親に影響を与え，母親はその恐怖に「赤ん坊は死にかかっている」という形を与える。これができる母親は，疑いなく豊かな資質に満ちている。少なくとも，赤ん坊がおっぱいを必要としているとわかるくらいの資質を持っている。もし母親が赤ん坊に授乳せず，置き去りにしたとしたら，赤ん坊は死ぬよりほかないだろう，と。このように母親の心は，その恐怖を受け取り，それを感じるだけでなく，どうしたらよいのかわかったり，少なくとも，こうしたらいいのではないかと思ったりできる。これこそ，ビオンが，母親はバランスの取れた見方を維持するべきであると述べるものである。そのバランスというのは，強い危機感を経験しつつも，同時に，その危機感と，的を射た適切な考えとのバランスをとるといったものである。もし，母親に十分に分別があれば，正しい解決方法を見つけることができるだろう。授乳では，赤ん坊は，意味のわからない恐怖の原因をもたらしてくる飢えの感覚を，それ以上感じず済むだろう。お乳を与えることで母親は，赤ん坊の内的な状態を，飢えを感じている状態から，身体的に満足をしている状態へと根本から変えてしまう。

　ビオンは彼らしい独創的な指摘をする。すなわち，母親は赤ん坊が経験している（そして泣き声に表出されている）なにかを摂取するが，母親がそのように摂取したものは，赤ん坊によって再び摂取される。そして，それは，身体的に，母親が（乳首から）投影したお乳を哺乳するという形でなされる。母親がこうしたことを繰り返し，おおむね赤ん坊のニーズを正しく汲み取っているとする。それが十分に行われていると，次に，赤ん坊は自分自身の心の中で，

（はじめは扱えず，意味も見出せないものだった）それらの感覚の意味を把握することができるようになる。このようにして，赤ん坊は，身体的な解決策を取り入れる（摂取する）ようになるだけでなく，最低限のものとはいえ，真に心理的な意味での問題解決能力を，その立ち現れつつある心の中に摂取するようになる。この解決能力は，現在では「包容すること」と呼ばれている。他方，取り扱うことができないことは，他者の心の中に包容される。すなわち，他者の心は，赤ん坊が自分で意味を理解することができるまで，赤ん坊に代わって意味を理解してくれるある種の補助的な心となる。

　そこにはいくつかの仮説があるのだが，ビオンはそれらを当然であると思っているようで，詳しく述べていない。第一に，泣き叫ぶことは，ある経験を知らせる信号である。その経験を私たちは恐怖と呼ぶこともある。第二に，その泣き叫び反射は生得的なものに違いない。つまり遺伝子の中に組み込まれているのだ。同様に，遺伝子の中には，母親がその泣き叫びに応答することも組み込まれているのだろう。母親は，生後しばらくの期間，泣く赤ん坊に対して極めて敏感になる。さらに言えば，我が子の泣き叫びを識別することに極めて敏感になる。おそらく泣き叫ぶ赤ん坊というのは，人間としての私たちすべてにとって，特定の警告的な信号なのである。ビオンは，この母親による特別な注意と敏感さのことを，母親の夢想と呼んだ。

　さらに，身体的な摂取と排出との間，そして心理的な摂取と投影との間には，安定した均衡があるように見える。そして，これら身体的・心理的プロセスは，生後間もなくから，母子の間で調整されるのであるが，それは融合していない，分離した関係性にあるように思われる。こういった生得的なプロセスは，いわば目に見える吸啜反応と同じように自然なことであり，実際に双方の遺伝子に組み込まれている。

　ここで示唆されているのは，投影同一化と呼ばれるプロセスは，人生の早期においてはまったく正常なものであり，多少なりとも，新しい心が発達していくまさにそのプロセスにおいて見られるものだ，ということである。その意味で，それは，正常な形態の投影同一化である。取り扱うことのできない経験を追い払う手段であるという点では防衛的ではあるが，そうすることで，そういった経験をゆっくりと扱えることができるようになっていく。このように，投影同一化は，母親や分析家といった対象に，取り扱えない経験を伝達するモードにもなっている。

　心の早期発達における，このプロセスについてのビオンの記述は，精神分析的治療の中で，患者との間で経験したことから直観されたものである。したがって，この母子モデルを精神分析プロセスに戻して適用し，赤ん坊の心が母親と共に発達していくのと同じような点で，精神分析から何が得られるのかを理論化することは，さほど難しくはない。言い換えると，精神分析的治療が，ある意味，心を発達させることならば，それは，二人のパートナー同士の間での，意味のなさと意味生成の投影と摂取のプロセスの繰り返しの中で生じるとして見ることができる。

　その後，包容していく相互作用は，乳児と母親の間の早期の相互作用を精神分析家が理解するための参照枠となった。

> 　乳児の母親に対する関係は，次のように記述できるだろう。乳児が耐え難い不安を持つ時，乳児はその不安を母親の中に投影することで取り扱う。母親の応答は，その不安を認め，乳児を苦痛から解放するのに必要なことをすることである。乳児は，耐え難いものを対象の中に投げ入れたが，対象はそれを包容し，処理することができると知覚する。すると乳児は，自分の元々の不安だけでなく，包容されることで緩和された不安をも再摂取することができる。乳児はまた，不安を包容し，処理することができる対象も摂取する。… 母親は乳児の投影してきた不安に耐えることができないかもしれない。すると乳児は，自分が投影したものよりも，さらに大きくなった恐怖を摂取することになるかもしれない（Segal, 1975, pp. 134-135）。

　これは，私たちが明らかにしようと試みている，精神分析的治療や，生まれてからの母子チームにおける相互作用の詳細についての凝縮された記述である。赤ん坊の経験では，泣く行為は，赤ん坊のシステムから，精神的・身体的痛みや毒を強制的に排出することにあたるということである。自分の経験が耐え得ると感じることができている赤ん坊は，その経験を自分自身に引き戻して，たとえば空腹なのだと理解することができる。それだけでなく，いずれは，ある特定の感覚が空腹を意味していると認識する能力といった自我機能を，自分自身に取り入れることができるのである。このように，赤ん坊は，自分の泣き叫びの意味を摂取するだけでなく，最終的にそれが自分にとってどのような意味を持つのかを認識する能力を摂取する。母親の理解する能力を取り入れるにあたり，赤ん坊は自分のためのそういった機能を獲得し，それによって，人とし

て豊かになっていくのである。赤ん坊は，母親が自分の経験を理解し包容してくれる相互作用を経験するたびに，少しずつ，自分自身の心をますます豊かにさせていくのである。

┌─ **まとめ** ─────────────────────────┐

　精神分析治療が目指すのは，患者が自分特有の対象関係の持ち方を理解するのを助けることである。こういった目標は，包容のモデルに基づいている。つまり，母親の理解と同じように，分析家の理解が患者に摂取され，その結果として，患者は自分で自分の経験をさらに包容することができるようになる。このように，患者は自分のパーソナリティのより多くの部分を自分のために活用できるようになり，より豊かな個人のアイデンティティを作り上げていく。患者は，早期の原始的な対象の使用に訴えることが減る。分析家は，患者が自分のアイデンティティの一部となるように対象を用いるのではなく，患者自身のアイデンティティの中に，自身に一定の統合をもたらす側面があることを再発見することを援助するのである。

└──────────────────────────────┘

　分析家の心の受容する性質や包容する役割は，ビオンによって，容器-内容という理論を通して，理解され明確化されてきた。それはクラインの投影同一化という概念から直接発展したものである。しかしながら，心の包容する能力の背後にあるプロセスとはどのようなものであろうか？　精神分析的理解と実践は，そこからどのように発展していったのだろうか？

第20章　考えが考える人を見つける

分析治療における包容機能の重要性が認識されて以来，なまの情動経験が，分析家の心によって取り扱われ代謝されるという決定的なプロセスが，クライン派理論の発展の中での焦点となってきた。1960年代後半から70年代にウィルフレッド・ビオンは考えるプロセスについての理論を展開した。同じこ

キーワード

■ 考えることの理論
■ アルファ機能
■ アルファ要素，ベータ要素
■ 逆転移

との別の側面として，分析家はセッションにおける経験をどうするのかという問いがあった。中でも，イルマ・ブレンマン・ピックは，重要な論文（Brenman Pick, 1985）で，分析家に投影された情動データが分析家の心の中で包容され，代謝されること，すなわち「ワーク・スルーする」ことの重要性に光を当てるものであった。こうした理解を通じて，心の中の精神病的プロセスに対して注意を向け，精神分析的に取り組むことに役立っていった。

「考えが考える人を探している」——この謎めいた言葉はどういう意味なのだろう？

フロイトとクラインに従い，ウィルフレッド・ビオンは心とその働きのモデルを作った。とりわけ考えることの理論を作った。「心的生起の二原理に関する定式」（Freud, 1911）において，フロイトは，私たちの心が，外的・内的現実をどのように見るのかを記述した。フロイトは，私たちの中にある二つの傾向を示した。一つは，私たちが願望し，こうなってほしいと望み，起こりうる障害には目も向けない傾向であり，快原理と呼ばれた。もう一つは，現実が要請することを認識する傾向である。（たとえば，何かが不足していることに欲求不満を感じたとき，即時に満足が与えられることは，現実にそれが可能になるまで［あるいは代替が効くものがあるまで］延期される必要がある。）これが現実原理である。母親が寝なさいと言っている一方で，姉と遊びたがってい

る２歳の子どもを思い浮かべてみよう。その子は，楽しい遊びを一旦やめて，
母親と姉とも離れることに直面しなければいけない。大人であっても，求めて
いるのにそれを得ることができないことばかりだと欲求不満を感じる。私たち
は，仕事に行かなければいけないし，お金を貯めなければいけないし，他の誰
かがすぐに満たされないことの欲求不満に耐えるのを助けなければいけないだ
ろう。そうするのは，私たちが自分の生きている現実に触れているからである。
　現実原理は，私たちの内的な世界にも同じように適用されるし，さまざまな
感情や思考の認識にも同じように適用される。そういった感情や思考の中には
怒りや悲しみ，不安を引き起こすものも含まれている。それに加えて，私たち
の心は，苦痛な現実をいつでも見たいわけではなく，さまざまな防衛的な戦略
を採用する。たとえば，フロイトは，乳児が空腹を感じたけれども，授乳まで
待たなければ行けない時に，授乳してくれる乳房とミルクが口の中にあるとい
う幻覚を持つと理解した。もちろん現実には哺乳していないので，このやり方
はほんの少しの間しか役立たない。ビオンは，こういった欲求不満は，考える
プロセスに入っていく推進力（刺激）であることに同意した。これは，たとえ
ば，以下のように言えるだろう。母親が私に食事を与えてくれない時，その経
験は私の心によって処理されなければならない。その結果として，私はその経
験について考える。ビオンは，欲求不満があるとき，考えの萌芽が現れること
をみてとった。もしそのプロセスが乱されたならば，結果として，さまざまな
精神障害が起こることになるかもしれない。

　　アルファ機能は，患者が意識している感覚印象や情動がどんなものであれ，そ
　れらに作用する。アルファ機能がうまく作用していれば，アルファ要素が産出さ
　れ，その要素は貯蔵され，夢思考の必要条件に適っている。もしアルファ機能が乱
　され，作動しなくなると，患者が意識している感覚印象や，患者が経験している情
　動が変化を受けないままとなる。私は，それらをベータ要素と呼ぼうと思う（Bion,
　1962, p. 6）。

　ビオンは，このことを抽象的に概念化するために，数学用語と定式化を用い
た。これらのプロセスを体系化したいと思い，既存の精神分析の用語を避けた
いと考えたのである。記述は中立的なままにするべきだと考えた。欲求不満を
感じる経験を，満足を得るような行為に出たり，そのような行為を受け取った

りする代わりに，考えることによって処理する時，心は，仮説上の機能として
想定される「アルファ機能」とビオンが呼ぶものを用いている。この機能の果
たす役割は，主に感覚器官から生じる，なまの情動経験を加工することである。
たとえば，お腹に感じる空腹感があるとして，それをアルファ要素と呼ばれる
もの，すなわち「お腹が空いた」という考えへと翻訳するのである。これは，
包容の発展したものである。前章で，母親が赤ん坊の恐怖を緩和する様子につ
いて論じたが，その緩和こそが，ビオンが抽象的で仮説上のアルファ機能とい
う着想として展開したものである。

　身体的な言葉を使って述べると，ある感覚器官からの経験は，情動経験のレ
ンガを積んでいくために，「消化され，代謝される」必要があり，そうするこ
とで，夢見ること，象徴的な意味を作ること，記憶，言語の使用のような他の
心理学的プロセスにもさらに利用し得るものとなる，と言える。このように，
ビオンは，フロイトと同じく，私たちがどのようにして象徴的な意味の世界に
入っていくのかを記述した。その世界では，実際的かつ情動的性質を持った問
題を解決するにあたり，私たちは状況を心の中で操作し，問題を解決し，経験
から学び，それを記憶として参照することができる。他方で，なまの経験は，
こういった種類の学びには馴染まない。ビオンは，加工されない感覚データを
「ベータ要素」と呼んだ。

　ベータ要素は，アルファ要素に変換されるまで，理解されたり，他の心理学
的プロセスに使用されたりすることはできない。ベータ要素は，行為のための
ものなのである。とりわけ，それがあまりにも苦痛であるために思考が妨げら
れると，情動的な「行為」に繋がっていく。ベータ要素は，投影によって心か
ら排出される。あるいは未整理のまま積み上げられる。ビオンはそれを「ベー
タ幕」と呼んだ。それは，精神病患者にしばしば見られる疑似 - 夢状態に似て
いる。未消化のベータ要素は，重篤な情緒的な混乱へと繋がっていくことがあ
る。ビオンは，容赦ないパニック発作に苦しめられ，眠ることのできなかった
男性について次のように述べている。

　　私の定式化は次の通りである。その眠っている患者は，パニックに襲われる。彼
　は悪夢を見ることができないので，目を覚ますことも，眠りにつくこともできない。
　以来，患者は精神的な消化不良を起こし続けているのである。

(Bion, 1962, p. 8)

　ここでビオンは，心を圧倒するベータ要素について語っている。ベータ要素は夢として経験され，加工されることで，ナラティブ，すなわち物語を生み出すことはなく，混乱として経験されるしかない。

　アルファ機能という考えは，包容することと密接に結びついており，対人的交流の能力の一部を形成している。先に記した赤ん坊と母親の話に戻ろう。母親は赤ん坊の情動状態を感じ取る。そして，その過剰に喚起された経験を緩和しようとする。患者の経験が分析家によって包容されるのと同じように，赤ん坊の経験は母親によって包容される。

　ここでビオンは，患者が分析家を，赤ん坊からのコミュニケーションを受け取ることを拒絶する母親のように，アクセス不能の遮断する対象として知覚している状況を記述することに進んでいく。ここでの焦点は，言語によるコミュニケーションである。

　　対象が耐えられないのが何なのか，いくつかのセッションで明らかになった。それらのセッションで，分析家としての私は，患者の問題を明確にする方法として，言語によるコミュニケーションに固執していた。しかし，そうすることで，私が，患者のコミュニケーションの方法を直接攻撃していると患者には感じられていた。このことから，私が，遮断する力と同一化している時，私が耐えられないことは，患者のコミュニケーションの方法であったことがはっきりしてきた。この段階では，私が言語によるコミュニケーションを用いることは，患者にとっては，手足をもぎ取られるような攻撃を，自分のコミュニケーションの方法に対して加えられているように感じられていた。このことに気づくとすぐに私は，患者と私とのつながりは，投影同一化のメカニズムを用いる患者の能力そのものであることを示すことができた。つまり，患者の私との関係，そして連想から利益を得る患者の能力というのは，自分の心の一部を分裂排除して，私の中に投影する機会の中に存在していたのである（Bion, 1958, p. 146）。

　イルマ・ブレンマン・ピックは，セッション中に分析家の中に喚起される情動経験に対して注意を払う必要があることについて述べている。彼女が気づいたのは，患者の未消化の経験は，分析家を刺激し，分析家にそれに関連した経験を持つようにさせることで，伝えられるということであった。そして未消化

の経験は，さまざまな「強迫的な」反応を引き起こすことにも気がついていた。しかし，もし分析家が，この未消化の「考え」を考える人になることができるならば，そのプロセスは分析家の実践のための道具になる。

> フロイトは分析家の役割を鏡や外科医に喩えたが，そこには，患者の無意識を適切にケアするためには，分析家の情動性は可能な限り遠ざけられているべきであるという含みがある。この態度は分析実践に不可欠な領域を認識できなくさせてしまうし，分裂排除された情動が戻ってくるときには，「荒馬をもってしてもそれを隔離しておけない」恐れがあり，分析家のアクティング・アウトの危険性を伴う。この分裂排除された情動は戻らない，と想像することは，心的生活に関する私たちの理論とは相容れない（Brenman Pick, 1985, p. 158）。

　言い換えると，分析家は，セッション中の自分自身の情動経験を受け止めつつ，同時にそれをモニターしなければならないのである。ブレンマン・ピックは，このプロセスを「逆転移の中でワーク・スルーすること」と呼んだ。分析家の中のこうした情動状態が十分に理解されていなければ，私たちは患者の苦境の無意識的側面を理解することができない。これが，面接室で再現される関係の本質である。ブレンマン・ピックは，情動が無視され否認されると，それらの情動は分析の中で混乱を引き起こすと警告している。

　このように，分析家の心は，根幹となる経験に患者と近づき，加工するための基礎的道具となる。臨床実践においては，分析家は，患者が自分ではまだ考えられない考えを考える人にならなければならない。

---**まとめ**---

　心的内容や心の一部の治療関係でのやりとりが，精神分析プロセスを理解するために，注意深く活用されてきた。精神分析プロセスは，治療関係にある二人が共に「患者の経験を消化し」，最終的には自分自身の考えを自分で考えることができる能力が患者に育っていくというものである。クライン派にとって，理論と実践とが響き合うことが，非常に実りのあることであった。

このような結論は，子どもの患者の不安についてのクラインの経験に端を発し

ていたものであるが，大人の分析実践だけでなく，他の社会科学の分野にも豊かな実りをもたらした。この本の最終章では，応用分野について探究する。

　では，これらの発展と臨床経験は，他の科学にどのように活かされるのだろうか？

第 21 章　クライン派の精神分析はどのように　　　応用されるのか？

本書では，クライン派の精神分析理論の発展の概略を見てきた。はじめにメラニー・クラインの発見を記し，のちの後継者たちによる進展を述べてきた。この発展によって，心のプロセスや精神分析技法に関して理解が深まる道が開かれてきただけでなく，人間の生と活動へのより大きな洞察も進んだ。これらの発見や着想は，患者－分析家間の相互作用に焦点を当てるだけでなく，他の人文諸科学にも応用され，それを豊かにしてきた。

> **キーワード**
>
> ■ 芸術的創造性
> ■ 美学
> ■ 心の中の人種差別^{レイシズム}
> ■ 社会組織
> ■ 虚偽

クライン派の精神分析の知識の集積から発展した理論や応用のなかで，言及する価値のあるものを簡潔に述べていこう。

この最終章では，クライン派の臨床家によって精神分析理論の応用がどのように発展していっているのかについて簡潔に紹介していきたい。ここでは，そういった発展を詳細に検討するのではなく，幾つかのテーマに絞ってざっくりとどんなものなのか紹介するに留める。クライン派の理論は，臨床実践だけでなく，芸術的創造性，そして人種差別のような偏見に満ちた態度を支える内的構造についての概念化，さらにメンタルヘルス・サービスを含む組織活動の力動などの分野で豊かな理解をもたらしてきた。さらに，気候変動や，移民問題，政治などが及ぼす衝撃，そしてそれらへの態度についても論じられている。しかしながら，ここでは，こういったトピックには手を広げないでおく。

芸術的創造性と美学理論

　メラニー・クラインは，知的発達の停滞していた幼い男の子のケースで，象徴形成の重要性を示したが，その際，その男の子の象徴を使用する能力は，不安によって妨げられていた（Klein, 1930; 第17章を参照）。フロイトの象徴への関心は限定されていた。彼の研究は，心の無意識的内容の象徴，とりわけ夢の象徴に限られていた。しかし，もっともなことに，クラインの後継者の一人であるハンナ・シーガルは，「他の科学や日常の言語で『象徴』と呼ばれるものを幅広く含むように，定義を拡張するのに大きな利点がある」と述べた（Segal, 1957, p. 392）。

　統合失調症を持つ患者を分析する中で，シーガルは，現実の拒絶が象徴を作る能力を妨げることを示した。象徴は，興味深い存在である。象徴は，別のことを表すことになっているものである。私たちは通常，ある言葉を，その言葉が表すものそのものであると考えることはない。私たちは通常，象徴は，その象徴が表しているものそのものではないという知識を保持する能力を持ちながらも，象徴はそれが表しているものであると振る舞うことができる。ある風景画を見て，「ああ，ヒナゲシ畑だ」と言うこともある。しかし，実際にはそれはヒナゲシ畑ではなく，キャンバスと絵の具である。これは「あたかも」とみなす能力であり，あらゆる文化活動の基礎である。現実の認識が妨げられている場合，私たちは，物事をこのように「あたかも」とは見ることができない。そのため精神病状態の人は，象徴（あるいは重要な象徴）を，実際にそれが表しているそのものとして扱うことがある。

　それと並行して，シーガルは，美と創造的衝迫に関心を持った。彼女は，クラインの抑うつポジション，償い，象徴化についての着想を拡張したのだが，それは，私たちの潜在的な創造力を理解するために，そして，子どもの遊びに見られるようになぜ創造性が制止されることがあるのかを理解するためであった。シーガル（Segal, 1952）は，創造する能力は，自身の破壊的衝動を認めたり，私たちが誰かにとても怒ったりしているときに持つ，相手にダメージを与え，破壊し，傷つけようとする自分の空想に直面することができるという重要な情緒的能力を反映していると考えた。次にシーガルは，気遣いとケアを通して，人がどのように償うのかを示した。これは償いの理論である。つまり，傷つけた人を心の中で復活させ，それから実際にいる他者に対して償いの衝迫を

表現するのである。それには芸術対象の創造も含まれる。償いには，ある種の情緒的成熟，すなわち先の章で述べた抑うつポジションが必要とされる（第11章を参照）。のちに，シーガル（Quinodoz, 2008, pp. 21-41）は，攻撃性だけでなく，妄想・分裂モードの経験が，芸術作品という形で表現されていると付け加えた。デイヴィッド・ベルは彼女の貢献について，次のように述べている。

> クラインは，抑うつポジションの基礎を形成する内的苦闘を明らかにすることで喪の作業の能力の理解を豊かにした。シーガルは，その喪の作業の能力を，芸術家の作品と，鑑賞する者の反応の中心に据えた。芸術作品の美学的深みは，自分のよい対象にダメージを与えてしまったという知覚に内在する，痛みと罪悪感に直面する芸術家の能力（抑うつポジション）に由来する。
>
> (Bell, 1997, p. 11)

　鑑賞者も，喪失と悲劇の物語に同一化することで，引き込まれていくのである。しかしながら，自身の攻撃性，罪悪感，そして気遣いの克服を表すことができるのは，芸術作品の内容だけではなく，象徴と象徴されるものを創造的に結び付け組み合わせる形式をとる表現行為なのである。

偏見と人種差別を理解する

　メラニー・クラインは，物事の正しい評価や感謝の念の土台を崩す人間の否定的側面を描き出した。それによって，大量虐殺という極端な形態にも繋がる，人間がどのようにして他者に対して偏見を抱くようになるのかを理解することができるようになった。敵か味方かという態度は当たり前にあるものだが，際立った特徴を持った他の集団の人々が投影によって歪められ，その結果，私たち自身の最悪な特徴を表すようになるかもしれないのは，フロイト（Freud, 1930）にとっては明白なことであった。

　最近になり，ファクリー・デイヴィス（Davis, 2006; 2011）は，自身の精神分析臨床から，他者と破壊的で偏見に満ちた関係に陥っていく特定の傾向を持つ人々がいることを示した。この種のパーソナリティ構造は，第18章に述べられているように，病理的に組織化されている。デイヴィスは，この種のパーソナリティが，不平等と偏見を生み出す社会的信念と結びつき，それが「内的人種差別的組織化」を生み出していることを示した。そのような組織は，

他の点では健康なパーソナリティの中で，独立して作動しているように見えるが，たとえば，依存の感覚，喪失感，屈辱感に関連した深い不安があったときに，動員される。

　デイヴィスは，人種差別的な反応が築き上げられる３つのステップを特定し，臨床実践との関連性について示した。第１ステップは，主体と他者との間の実際の差異である。それは話すアクセントや皮膚の色などであるかもしれない。第２ステップは，心の中の分裂排除された望ましくない側面の他者の中への投影であり，投影を受けた他者は，望ましくない性質や感情を持っていると知覚される。第１ステップと第２ステップとは互いに影響しあっている。

　そして第３ステップは，より障害の重い人における内的な組織化である。それは偏見に満ちた行いを確実にするテンプレートである。すなわち，「あらゆるやりとりは，その組織の要請に従うようになされる。つまり，それぞれの役割をしっかり守らなければならないのだが，そうしていれば，服従の見返りに安全が約束される」（Davis, 2006, p. 72）。権力（優劣）関係が確立される。そのような組織は，平等への要請などによってそのバランスが崩れ，初めて可視化される。バランスが乱されると，急激でしばしば暴力的な反応が起こる。

　内的人種差別という概念は，広く応用される。しかしその臨床実践における有用性は，次のように提示されている。

　　必要な時に，［内的人種差別的組織化を］立ち上げるプロセスが素早く作動し，治療を始めることによって生じる耐え難い不安から患者を守った。最初の課題は，問題を私にあるとする投影を起こすことであった。それは，外的世界でのステレオタイプと一致する（私たちの間の）相違を選びだすことによってなされた（第１ステップ）。そうすることで，患者はその投影に対して個人として責任を取らなくてもよくなった。（中略）それから，私たちの間のやりとりを支配することになる内的なテンプレートが打ち立てられた。根っこのところでは，私は，患者の投影で自分が満たされてしまっていることを示してしまう羽目になった。つまり，私は，動きの取れない，重荷を背負った者として話すことになった。そのテンプレートにおいて，私は，患者の素材に心を自由に彷徨わせ，適切に応答する，通常通り機能する分析家として見られてはならないのであった。（中略）割り当てられた役割を守るという要請に従わないと，私は，患者の攻撃を引き起こした。（中略）
　　［この概念は］人種差別組織化の二つの別の側面を捉えている。第一に，それは

> 病理的組織化（Steiner, 1987, 1993）と同様に，妄想・分裂ポジションと抑うつ
> ポジション両方に対する強固な防衛として機能する。第二に，投影同一化が有効に
> 作動するために，外的世界における差異の社会的な意味とも非常にうまく組み合わ
> されるのである（Davis, 2006, p. 73）。

　偏見の他の形態についても，否定的な防衛の組織化と関連する力動を基にし
て，説明することができる。短兵急な人は，人に偏見の目で見られやすいとし
ばしば言われるが，そうした人たちは，ある特別なストレスによって引き起こ
される自律的な病理組織化の影響を最も受けやすい人たちなのだろう。

　より極端な反応と行動は，病的な人々，そして集団に見られるとはいえ，忘
れてはならないのは，心の脆弱な部分におけるこの種の「不活性の」防衛構造
は非常にありふれたものであると考えられることである。それは，他者が人種
差別的な虐待的行為をしているのを目にしても，何もせず，無気力や心的「麻
痺」に陥るという形に現れるかもしれないのである。

集団と組織の力動に対する取り組み

　そのほかの社会現象は，クライン派の考えによりうまく説明ができる。ウィ
ルフレッド・ビオンは，精神分析家になる前に，集団力動の理論を展開してい
た（Bion, 1952）のだが，のちにその理論をメラニー・クラインの理論の線に
沿って改訂した（Bion, 1961）。ビオンは自分の理論を書き直し，集団行動を，
個々のメンバーの不安を処理する手段であると主張した。集団は全体として集
合的な防衛力を発展させる，という見方は，クラインの分裂メカニズムの記述
に従って発展したものであるが，それは，フロイトの『集団心理学と自我の
分析』（Freud, 1921）という本にも多くを負っている。エリオット・ジャック
（Elliott Jaques, 1955）とイザベル・メンズィーズ（Isabel Menzies, 1959）は，
集団のメンバーが，その内的世界においても同じように作動していることを論
じた。その基本的な考え方は，不安や葛藤が共有されていると，防衛的な動き
においても，ともに協力し合うことができたり，またそれが許容されたりする
というものである。ジャックは，「組織の中でそれぞれの個人は内的葛藤を外
的世界の人物に位置づけ，投影同一化を使うことで，無意識にその葛藤を外在

化して展開し，そののちに外的に認識された葛藤の経過と結果を再び内在化するかもしれない」（Jacques, 1955, pp. 496-497）と述べている。こうした研究を通じて，組織へのコンサルティングという特定の分野が生み出された（Trist and Murray, 1990）。その対象は営利企業だけではない。オブホルツァーとロバーツ（Obholzer & Roberts, 1994）は，公共サービス組織，特に医療関係組織への多くの介入について述べている。

　精神保健分野は，特にストレスの多い環境と職業であり，狂気への恐怖だけでなく，予測不可能で意味のない暴力への恐怖も，その場にいる全員が共通して持つ。その結果，患者との感情的な関わりを慎重に回避することが，精神保健の専門家の職業的態度の中に組み込まれ，それによりさまざまなことが起こる（Hinshelwood and Skogstad, 2001; Hinshelwood, 2004を参照）。この分野の発展は，こうした力動が与えている影響を認識することで，病院やコミュニティのスタッフの健康と回復力を改善し，それにより患者に提供されるケアをよくするのに役立ってきた。

虚偽と嘘をつくことの探究

　フロイトの現実原理，そして私たちが外的・心的現実を認めることの困難という考えから出発したビオンは，これをクラインの知識愛本能（エピステモフィリック・インスティンクト）の概念と関連づけた。そして，分析の機能は真実の探求であると結論づけた（Aguayo, 2016, p. 25）。しかしながら，嘘をつくことが，患者を被害妄想不安や抑うつ不安から守る重要な防衛メカニズムであるとなると，何が起こるのだろうか？現代クライン派のエドナ・オショーネシーは，この難題に取り組もうとした。

　一見したところ，嘘つきは，真実性に基づいた治療である精神分析にとって，うまくいきそうにない患者である。嘘は発話において現れるので，嘘をつくことは，ある程度の成熟性に基づいた問題のように思われるだろう。しかし，分析で明らかになるのは，嘘は原始的なものであるということである。常習的な嘘つきにとって，嘘をつくことは，最初の対象（プライマリー・オブジェクト）とのコミュニケーションに対する疑いや不安と関連付けられる。そのような人にとって最初の対象は，いくつかの原因によって嘘をつく対象となっているのである。予想されるように，嘘をつくことは分析プロセスに支障をきたす一連の問題を引き起こす。そうであっても，この論文では，真の分析プ

ロセスを開始することができるという臨床的見解を示す。それは，分析に現れてくる嘘の基盤を，嘘をつく患者のコミュニケーションとして理解して取り組んでいくことで可能になる。すなわち，患者が嘘をつくのは，自分が嘘をつく対象に同一化しており，その対象に対して非常に不安を感じているということを伝えてきているのである。転移の中では，その対象は分析家なのである（O'Shaughnessy, 1990, p. 194）。

　このように，現在，嘘はコミュニケーションの一形態であり，患者が同一化する内的対象のイメージを反映する態度の一部であるとみなされている。その対象は，実際の親に基づくかもしれないが，真実を歪め，偽るという性質によって損われた対象なのである。

　真実は，さまざまな操作によって，偽装され否認されることがある。たとえば，知識の一部を分裂排除する，思考の一貫性を構成する要となる結合を攻撃する，理想化する，ケチをつけるなどの操作である。しかしながら，それらはすべて，分析設定において現実化され，理解されることで，再び知の源泉となることができる。それは，利用可能な素材について夢見たり考えたりすることに似ていなくもない。グロットスタインは皮肉交じりにこう述べている。「嘘は真実を明らかにする別のモードでしかない。『本当のことを言えば，嘘というフィルターやレンズを通してでなければ，私は真実に耐えられないのだ！』というモードなのである」（Grotstein, 2007, p. 150）。

　嘘をつくことのこのような理解は，先に述べた，投影や同一化を含むさまざまなプロセスにはコミュニケーション的な価値と機能があるという考えに従っている（第15章を参照）。分析において，また分析の外でも，自分自身や他者に関する真実は，歪曲された場合にのみ受け入れられるというコミュニケーションがしばしば見られるのである。

　ベル（Bell, 2009）は，真実や現実の理解にポストモダンの相対主義を適用することの難しさについて述べている。彼によれば，そのように見えることは，問題となっている物事や現象が実際にそうであることと同じではないのである。

まとめ

　本章の冒頭で示したように，メラニー・クラインの仕事と思考に由来する考えを用いて探求し理解できる，高尚な芸術から低俗な欺瞞に至る社会現象のほんの一部を紹介した。

　この章の例が簡潔に描き出しているのは，クライン派の分析家たちが，人間の普段の生活や社会的な場での振る舞い方は，無意識のプロセス，特に原始的なメカニズムの深いレベルによって影響を受けていると考えるということである。

第Ⅳ部のまとめ

　第Ⅳ部では，メラニー・クラインが亡くなってから半世紀の間に起きた発展を簡単に紹介した。クラインの残した伝統の進展は，1950年代に彼女の近くにいた同僚たちによって，その舵取りがなされてきた。1940年代にクラインが精神分析のコミュニティの中で，独創的な思想家としての名声を失ったことで，クライン派は内向きになった。それ以来，クラインのグループは，彼女が生きている間，その一部であったアプローチの独創性を堅固なものとし，維持し，発展させようと試みてきた。そして，このグループは驚くほど上手にそれをやってのけた。

　1960年以降の展開は広範なものとなった。フロイトの仕事と同様に，人間心理に関する精神分析理論は，多くの人間科学に波及するものだからである。この20年余りの間に，世界中からクライン派の考えに関心が集まっている。これは，古典的な精神分析の勢いが明らかに枯渇していることとも部分的には関係している。精神分析における新しい考えは，新しい理論の説明力を検証する方法がまだとても弱いのにもかかわらず，次々と生み出され瞬く間に広まってきている。おそらく検証力が弱いために，新しい理論が次々と生み出されるのだろう。クライン派の考えへの新たな関心が集まる中，まだ残る大きな留保の一つは，他の理論との適合性の問題である。クラインは自分の概念の枠組みは他の学派とは本質的に異なると考えていた。したがって，彼女の理論が多様性を包摂する性質は，限られたものである。メラニー・クラインは，原始的な「より深い層」の探求と，古典的な無意識の神経症的層との間には，安易な統合はないと考えていた。実際，彼女は，精神分析理論のいくつかの学派よりも，精神医学の世界との適合性の方が高いと考えたかもしれない。

さらなる読書のために

精神分析臨床と文化

Segal, H. (1977) The Work of Hanna Segal: A Kleinian Approach to Clinical Practice. London: Jason Aronson. 松木邦裕訳（1988）クライン派の臨床——ハンナ・スィーガル論文集. 岩崎学術出版社.

Segal, H. (1997) Psychoanalysis, Literature and War: Papers 1972-1995. London: Routledge.

Bell, D. (ed.) (1999) Psychoanalysis and Culture: A Kleinian Perspective. London: Karnac.

Riesenberg-Malcolm, R. (1999) On Bearing Unbearable States of Mind. London: Routledge.

人種差別と偏見

Davids, M. F. (2011) Internal Racism: A Psychoanalytic Approach to Race and Difference. London: Palgrave.

集団や組織への応用

Bion, W. R. (1961) Experiences in Groups and Other Papers. London: Tavistock. ハフシ・メッド監訳（2016）集団の経験——ビオンの精神分析的集団論. 金剛出版.

Bion, W.R. (1970) Attention and Interpretation. London: Tavistock. 福本修, 平井正三訳（2002）注意と解釈. 精神分析の方法Ⅱ. 法政大学出版局.

Obholzer, A. and Roberts, V. Z. (1994) The Unconscious at Work: Individual and Organizational Stress in the Human Services. London: Routledge. 武井麻子監訳（2014）組織のストレスとコンサルテーション. 金剛出版.

Hinshelwood, R. D. (2004) Suffering Insanity. London: Routledge.

移民，政治，気候変動

Weintrobe, S. (ed.) (2012) Engaging with Climate Change: Psychoanalytic and Interdisciplinary Perspectives. London: Routledge.

Varchevker, A. and McGinley, E. (2013) EnduringMigration through the Life Cycle. London: Karnac.

Pick, D. and Ffytche, M. (ed.) (2016) Psychoanalysis in the Age of Totalitarianism. London: Routledge.

用 語 集

　ここでは，とりわけクラインやその後継者の著作に関連する用語を，簡潔に説明する。その説明は，フロイトの仕事と用語についての基本的な理解に依拠している。より詳細な説明は，以下の辞典を参照していただきたい。フロイトについては，ライクロフト（Rycroft, C., 1972）の『精神分析学辞典』（山口泰司訳，河出書房新社）が比較的初歩的なものであり，ラプランシュとポンタリス（Laplanche, J. and Pontalis, J.-B., 1972）の『精神分析用語辞典』がより学術的な辞典で，標準的な参照文献である。クラインについては，ヒンシェルウッド（Hinshelwood, R. D., 1991）『クライン派用語辞典』（衣笠隆幸総監訳，誠信書房），そしてスピリウスら（Spillius, E. B. et al., 2011）の『新クライン派用語辞典（The New Dictionary of Kleinian Thought)』が，本書の内容をさらに深めたい読者に薦められる。

　［以下，原文では原語がアルファベット順に列挙されているが，訳語を五十音順に並べてある。]

エディプス・コンプレックス

　フロイトは，エディプス・コンプレックスにおける3者状況は，他者がいる世界を心に抱く上での基本的な鋳型であると考えた。そして，この鋳型に従って世界を見たり理解したりする能力は，2歳から4歳の間に発達すると考えた。クラインは，分析家としてのキャリアをスタートさせた当初，このフロイトの考えを受け入れていたが，じきにこの三角形の概念が人生のごく早期に存在する証拠を見て取るようになった（第5，6章を参照）。究極のところ，ヒトは生まれたときから，自己との関係で両親カップルを，よい対象と悪い対象の知覚（「よい対象／悪い対象」の項目を参照）という形で，原初的なカテゴリー化により理解していくのである。そして，それは，それぞれの子どもの独自の発達において，さまざまな形でなされる。したがって，それは，抑うつポジションにおけるワーキング・スルー，すなわちよいと悪いに分裂した対象の統合を構

成する。クラインは，このような三角状況が，それぞれの子どもによってさまざまな方法で取り組まれること，また，男女の性の相違がそれぞれに典型的な防衛的空想として現れることを理解しようと努めた。彼女は，性差に関して詳細に論じており，それはこの領域でのフロイトの貧弱な理解を補足することに貢献した。

クライン派の技法

クラインの臨床アプローチは，子どもとの遊戯技法を発展させることから始まった（第5章参照）。クラインが観察したのは，遊びのなかの物語であり，彼女はその物語を子どもに代わって，無意識の意味とともに言葉にした。初めのうちは，それらは，たいていエディプスの物語に基づいていた。その後，彼女は大人の患者との分析に目を向けたが，そのとき彼女が表現したのは，患者の心の中にある思考と感情との間の物語であった。あたかも心の内容が，子どもが遊ぶ玩具と同じようであり，それが互いに影響し合っているように表現したのである。観察から，プレイルームの中の玩具と，心の中の思考とがこのように一致するのは，ごく自然なことのように思えたのである。そしてまた，思考とその相互作用は，外界の玩具や対象に外在化（投影）される（「無意識的空想」の項目を参照；第7章，第8章参照）。

1946年からは，彼女（そしてその前にアブラハム）が原始的防衛メカニズムと関連づけた空想という視点で，心的対象（今や内的対象と呼ぶ）がどのように相互作用するかを探求した。メラニー・クラインの死後，臨床技法は大きく進歩した。それはウィルフレッド・ビオンに負うところが大きいのだが，包容（コンテイニング）（第19章参照）の概念が導入されることで，臨床設定の中での転移・逆転移を含む，心と心との間の対人相互作用の性質が明らかになった。

罪悪感

罪悪感は，否定的な感情から生じ，愛し必要とする対象を攻撃したいという願望から生じる。空想の中では，愛し必要とする対象は，羨望の結果として，傷つけられたり殺害されたりすることがある。あるいは，よい対象が悪い側面を持つという抑うつポジションの両価性の結果として，傷つけたり殺害されたりすることがある（「抑うつポジション」「罪悪感」「超自我」の項目を参照）。罪悪感には，厳しい懲罰的な態度（第14章，第15章，第17章参照）から，贖罪

と償いの態度（「償い」の項目を参照；第11章参照）までさまざまある。

自　我

「自我」という用語は，フロイトの英訳者が使った新造語である。クライン
がもともと訓練を受けたのは，ドイツ語圏のブダペストだった。ドイツ語では，
フロイトはより地に足の着いた Ich，つまり「私」という語を使っている。そ
のため，この言葉にはより個人的で実存的な意味があり，クラインは「自我」
を使うときでさえ，その意味にとどまって使う傾向があった。しかし，彼女の
英語の文章では，しばしば他の人が「自我」を使うような場面で「自己」が使
われている。このことは，クラインには，患者に対する技法的な視点と，個人
の経験から出発するより経験的な視点との区別が欠如していることを際立たせ
ている（第9章参照）。

象徴形成

象徴の本質は，あるものが恣意的に他のものの代わりになることである。象
徴は，それが象徴するものそのものではないというのが現実である。したがっ
て，象徴には，病理的ではない錯覚，つまり「正常な」錯覚の機能がある。ク
ラインは最初これを，フロイトが夢の働きについての理解の中で述べた，置き
換えのプロセスの結果であると考えた（Klein, 1930）。フロイトは，夢の象徴
は，その象徴の背後にある意味を隠すために使用されると考えたのだ。しかし
ながら，通常の象徴はそのようなものではなく，意味を明示的に表現するため
に使われる。フロイトは，夢の背後にある動機は，不安，それもたいていエデ
ィプス的性質を持つ不安であると考えた。そして，それに関連する態度や感情
は，全く別のほかの対象または人に転移されると考えた。つまり，感情は意味
のある対象から，まったく意味のない代替物に置き換えられるのである。クラ
インは，置き換えの原動力はむしろ攻撃性と関係があると考えた。つまり，欲
求不満の原因ではない別の対象を用いることによって，愛する対象が害されな
いようにする必要があるためだと考えた。

クラインの後継者の一人であるハンナ・シーガルは，精神病状態において象
徴化がうまくいかないときの象徴形成について検討することを通して，より正
常な象徴化の理解を深めた。その研究の中でシーガルは，象徴形成の根底にあ
る錯覚が失われ，その代わりに，象徴がまさに象徴されたものそのものである

という妄想が生じることが異常であることを示した。代替物への錯覚が崩壊して，象徴と象徴されるものが等価であるという状態に陥ってしまうのは，投影同一化の結果である，とシーガルは考えた（第17章参照）。

羨　望

よいもの，命を与える対象は愛され，そして，悪いもの，危険をもたらす対象は憎まれる。しかし，この生得的な反応が混同されることがある。羨望は，よい対象が，それがよいという理由で，憎まれ攻撃される事態を指す。これは，もっとも破滅的で懲罰的な罪悪感を引き起こす。非常に初期の段階では，自己の感覚が不安定で，自分自身がよいのか悪いのかはっきりしないため，外的なよい対象は，自己を日陰に追いやる脅威とみえることがある。そのような外的対象は，生命を支えるよい存在であるだけでなく，そのよさにより自己を圧倒する（そして恥を感じさせる）存在でもある（第16章を参照）。

対　象

「対象」という用語には，「物」という不適当な意味が含まれている。しかしながら，精神分析の文脈では，対象は人が関係するもののことである。それは文の「目的語」のようなものである。フロイトは，本能には源・目標・対象があると考えた。この一者心理学的理論化がこの語の多義性を強めてしまったのだが，他方で精神分析の対象関係論では，対象は他の人，他の心のことであり，自分自身に似ているものを指す。より人の意味合いを持つ「他者」と言う方が明確な場合もある（第4章，第8章参照）。

超自我

ごく初期の段階では，悪い対象との関係における憎しみと恐怖と軌を一にして，超自我はひどく迫害的である。実際，超自我は，危害を加えようとするこの迫害的対象から派生したものである。抑うつポジションが始まると，自我は，与えられた害に対して懲罰的に報復しようとする懲罰的な超自我に直面するようになる。しかしながら，抑うつポジションをワーク・スルーすることによって，不安や罪悪感に徐々に変化が起こる。厳しい罰に対する恐怖から，補償，贖罪，償いの要請へと移行していく。害を与えたことを認め，償おうとすることができることは，償いという成熟した精神状態である。クラインは，愛する

対象をよりよい状態に戻そうとするこの状態を，成熟への重要なステップとみなした。それは，妄想・分裂ポジションにおける迫害の恐怖や厳しい懲罰的な超自我に対する防衛手段の使用が緩和されることを意味する。償いをさまざまな形で代用的に行うことは，人間の創造性の主要な要素である（第6章，第17章参照）。

償 い

抑うつポジションに対処するための闘いには，愛するよい対象への危険と危害の不安に対処することを伴う。過剰な憎しみや羨望の感情は，愛する人を傷つけたという空想をもたらす（「抑うつポジション」の項目を参照）。これは最初，厳しく罰せられるのではないかと感じられる。（この時点でそう呼べるであろう）超自我は，妄想・分裂ポジションにおける「悪い対象」から派生したものである。抑うつポジションにおける愛する対象への気遣いがより安定するにつれて，新たな衝動が働くようになる。罰せられることに代わり，償いをすることが自己に要求されるのである。クラインは，それを「償い」と呼んだ。この衝動は，人生における動機づけと創造性の主要な源泉である（第11章，第21章参照）。

投影同一化

クラインの遺産の中で最も影響力があるのは，自我の分裂，投影，摂取，投影同一化を含む，分裂メカニズムまたは原始的防衛メカニズムについての記述である（第15章参照）。これらは，妄想・分裂と呼ばれるポジションに関連しており，自己感覚やアイデンティティの感覚の性質と存続にまつわる不安に対処しようと作動している。カール・アブラハムが投影と摂取を徹底的に研究し（Abraham, 1924），フロイトが自我の分裂を研究していた（Freud, 1927, 1940）のに対し，メラニー・クライン（1946）はこれらのメカニズムの対象関係的な側面を重要視した。投影同一化は，自我の一部が別の人の中に宿るという空想であるとともに，メカニズムでもある。これは対象を使用する重要なやり方であり，そこにははじめから攻撃的な意図がある。さまざまな方法で，さまざまな目的のために他者の中に侵入するプロセスは，苦痛に満ちた体験が生じてくる自我の一部分を処理するためにある。これはしばしば排出と呼ばれるプロセスである。このプロセスは必然的に自我の諸機能を奪い去り，結果とし

てクラインが記述したように自我は弱体化し，貧困化する。

　クラインに続いて，他の分析家たちもこの概念を取りあげ，現在では多くの
バリエーションがある。興味深いことに，投影同一化はクラインの発見の中で
最も人気のあるもので，他のさまざまな学派の分析家がこのメカニズムの存在
を立証している。クラインの後継者の間で，この概念に最も重要なプロセスが
追加された。それは単なる排出のプロセスではなく，耐え難い経験の苦痛を他
者に伝えるというコミュニケーションの機能を持った他者への侵入プロセスで
ある（第19章参照）。乳児期において，赤ちゃんが泣き叫ぶと，母親は不安で
いっぱいになるのだが，そのときの不安は，母親自身の不安に赤ちゃんの不安
が重くのしかかり組み合わさったものである（第15章参照）。

内的対象

　ヒトに生得的に備わっている本能的な資質は，それに対応する心的表出があ
る。身体から生じる感覚，そして遠隔受容器から生じる感覚は，欲求とそれが
満足される可能性を伝える。同様に，これらの欲求や満足に与えられる原始的
な意味づけも生得的なものである。不快な身体的体験は，不快感を引き起こそ
うとする誰かもしくは何かの存在があると感じられる。それは本質的に「悪
い」対象であると感じられる。そして同様に，身体の快適な状態や満足した状
態は，満足を引き起こそうとする誰かもしくは何かの存在を喚起する。これら
の経験は身体の内側から来るものなので，これらの意図をもった対象はその人
の内側にあるものとして経験される。こうした身体状態の解釈には本能的な性
質があり，クラインにとっては，それが本能論に相当する（「本能論」「抑うつ
ポジション」の項目を参照；第4章参照）。

病理的組織化

　クラインの死後，彼女の後継者たちは，クラインが記述した原始的なメカニ
ズム（1946年には，分裂メカニズムと呼んでいた）が，いかに安定した布
置で組織化されるかを描き出し始めた。これらは，防衛的組織化，心的退避，
病理的組織化などと呼ばれている（第18章参照）。これは，フロイト（Freud,
1927）がフェティシストについて述べた，自我の各部分が互いに分離して異な
る防衛メカニズムを作動させるという概念に沿ったものである。人によっては，
このような組織化がパーソナリティの主要な部分を占めていることもある。愛

情と憎しみの両方の感情の合流に対処しようとすると，自我はかなり永続的に分裂し，パーソナリティの中に否定的な自我と肯定的な自我とが併存し，特にストレス時にはそれらが相矛盾する形で出現する。典型的には，優越感と羨望などの破壊的感情を表す否定的な自我の部分が，愛情深く感謝する自我の部分に対して優位性を保とうとする。そのため，そのような人は，概ね他者に対して優越的で無関心な態度を維持することになる。このようなパーソナリティは，肯定的な自我に関与しようとする分析者の努力に対して，高慢な優越感を維持するため，通常治療が困難である。これら防衛的組織化は，ケアやサポートそれに愛などの人間の基本的欲求を否定し退けることによって，抑うつ不安や被害妄想不安を経験することから身を守っているのである。

不 安

　クラインの理論は，なにが人を不安にさせるのかを理解することから始まる。クラインは，子どもの患者が他者に対して抱く感情，とくに親に対して抱くさまざまな感情について不安に感じていることをみてとった。したがって，不安はある種二次的な感情であった。それは，感情についての感情であり，特に愛情と憎悪に対する感情である（第3章，第5章参照）。これは，不安は欲求不満，すなわち本能欲求の不満足の蓄積から生じると考える古典的な分析理論とは異なる。フロイトは不安信号説を唱えることで，最終的にはクラインの概念に近づいた。というのは，信号としての不安は，情緒的な危険に対するひとつの感情，あるいは警告であるからだ。不安に対する理解の違いは，本能に対する理解の違いから来るものである。（「本能論」の項目を参照）

本能論

　クラインは，フロイトが採用した本能論やグスタフ・フェヒナーの精神物理学から離れていき，古典的精神分析から根本的に袂を分かった。クラインは心のエネルギーモデルを使わず，言及もしなかった。そして「心的エネルギー」という用語も「経済モデル」という用語も使わなかった。しかし，彼女は「本能」という用語を，彼女なりの使い方で用いた（第3章，第4章を参照）。大学に進まなかった彼女の教養形成は，文学や人文科学に偏る傾向があった。兄の早すぎる死のあと，彼女は兄の詩集を出版している。このような方向性は，彼女が，個人の経験に注目し，それが物語形式で経験されることに関心を向け

ていくことを決定づけた。物語形式は，彼女が子どもの分析技法（遊戯技法として知られている。第5章参照，「自我」の項目も参照）を発展させたときに，子どもの遊びの中に容易に見出すことができたものだった。結果として，クラインは，生得的な生物学的欲動は，心の中の物語的空想の形で現れると考えた（第8章参照）。

無意識的空想（phantasy）

メラニー・クラインは，遊戯技法を用いて臨床研究を始めた。子どもたちは玩具を使って遊びの中で物語を表出した。クラインの心の概念は，生命を与えられた対象同士の間で繰り広げられる一連の物語として自然に発展した。したがって，無意識は，放出を求めるエネルギーの煮えたぎる塊ではなく，恐怖と希望に満ちた複雑なパターンを持つ物語であった。これらのうちのいくつかは，多かれ少なかれ生得的に備わったものであり，残りは一次的な物語から次第に作り出されていった派生的な物語である。クラインはこれらを「空想（phantasy）」と呼び，これらの無意識の物語を，白昼夢のような意識的な空想（fantasy）と区別するために，単語の綴りを変えている。アブラハムに従い，彼女は，もともとの一次的な無意識の空想（あるいは物語）が，防衛メカニズムとして知られているプロセスでもあることを認めていた。つまり，この原初的メカニズムには，両面性がある。ひとつは客観的な視点から見た心的装置内のプロセスであり，もうひとつは主観的な経験という視点から豊かに表現される物語である。クラインは後者を強調し，その結果，彼女の学派は，精神エネルギーの経済論モデルに基づくフロイトの思考から離脱した軌道を進んでいくことになった。ただし，これらの無意識的空想の最初のもの，すなわちエディプスの物語（第8章参照）を描いたのはフロイトであったことは無視してはいけない。

妄想・分裂ポジション

他者をよいと見るのか，悪いと見るのかの間で，子どもは揺れ動く。すなわち，子どもが遊ぶ玩具に見られるように，さまざまな対象はそれぞれよい意図ないし悪い意図を持っている。それらは遊びにおいて他の対象や玩具との関係で表現される。これは「よい」と「悪い」の二極化した世界であり，子どもはこのように誇張して自分の世界を見ている（時には大人もそうである）。対象

は安定しておらず，よいものから悪いものへ，あるいはその反対へと切り替わることがある。そして，発達していくにつれて，この事態は抑うつポジションの諸問題へとつながっていく。妄想・分裂ポジションにおける，このようなよい・悪いのカテゴリー化は，対象の分裂と呼ばれるものであり，よい面あるいは悪い面がその人の全体として見られる。このように，初めのうちは，よいと悪いが混ざり合った対象は，よい対象と悪い対象という二つの対象として見られる。これが，むしろ純粋な感情を強烈に体験させることにつながる。とりわけ，自己を傷つけたり殺したりする意図を持つ悪い対象は，大きな恐怖を呼び起こし，幼い子どもはこれを夜驚と呼ばれる症状で表すことがある。同様に，よい対象はよさのみを意図しており，それによって，乳児は生き続け，育つことになる。そういったよい対象は，大きな至福を伴うものとして経験される。

　この両極化を通じて，必然的に子どもは，自分自身の愛と憎しみの能力に注意を向けることになる。子どもは，自分の中でさまざまな反応が対立しているのがわかるようになる。その解決策は，同じように自己を分裂させることである。子どもが成熟するにつれて，自分の中の悪いと感じる部分を分裂排除するようになる。しばしば，それは物事を現実的に知覚する能力，特に自分自身を現実的に見る能力を分裂排除することを意味する。たとえば，よくあることとして，罪悪感をなくすために，責任を感じる能力が失われることがある。

　罪悪感は，妄想・分裂ポジションの別の重要な特徴が現れる，よい例である。人は何かに対して罪悪感を抱くことを避け，実質的に良心を分裂排除するとき，その罪悪感を他の誰かに帰することがある。日常的な心理的な言い回しでは，その人は「逆ギレ」し，罪悪感を他の対象（時に自分が傷つけたかもしれない対象そのもの）に帰する。これは投影同一化と呼ばれ，広く認められているプロセスである（「抑うつポジション」の項目を参照）。

よい対象／悪い対象
　心の発達の最早期段階では，乳児の心は非現実的な形の知覚で作動しており，知覚の仕方は空想の影響下にある（1909年にフロイトはこれを「空想の万能性」と呼んだ）。知覚は，最初，ごくわずかな次元しか持たない。たとえば，自己の内側か外側のどちらかに感じられるだけであったり，善意か悪意のどちらかと感じられるだけだったりする。対象の意図に応じた分割のことを，対象の「分裂」と呼ぶ。それはすべてよいかすべて悪いかであり，その分類は乳

児の快・不快の感覚に従って割り当てられる（「内的対象」の項目を参照）。このように，対象はすべてよいか，すべて悪いかのどちらかである。完璧なものなどないし，「すべて悪い」ものもないのにもかかわらず，この分類は，なかなか放棄することができない。悪い対象に対する憎しみや恐怖が，よい満足をもたらす対象に対する愛情や評価と混ざり合って，強烈な情緒的苦痛をもたらすため，感覚器官が現実世界を認識する正確さが高まっているにもかかわらず，その正確さが徐々にしか受け入れられない。（「抑うつポジション」の項目及び第10，11章を参照）。

抑うつポジション

　生後3カ月から6カ月の早い時期に，乳児は自分の経験の中にある複雑さに気づく。愛する人が欲求不満の原因となることもあるのである。これは部分的には遠隔知覚，特に視覚の発達から来るもので，母親や他の養育者が乳児のニーズに応えられない場合，より原始的な妄想・分裂ポジション（「妄想・分裂ポジション」の項目を参照）の言い方を用いると，よい対象であり，かつ悪い対象となる。あるいは愛する対象であり，かつ憎しみの対象となる（「よい対象／悪い対象」の項目を参照）。その人が，よい対象の感覚を内側に持っており，それが内的な支えと感じられていると，よい／悪いが混ざり合った，この新たな知覚は危険なものとなる。内なる支えが，憎しみによって危険にさらされているように見える。自信の核が崩され，「自己」が不安定に感じられる。新たに生じた，このような心配は，感情の両価性（アンビヴァレンス）から生じる。そして，そこに罪悪感と償いの念を引き起こす。抑うつポジションにおいては，妄想・分裂ポジションと違い，それがどんなに苦しくても，一つの対象のよいイメージと悪いイメージを両方とも心の中に抱くことができる（第10章，第11章参照）。私たちは皆，時として人や周りの世界を白か黒かの両極で見てしまい，その複雑さを見失うことがあることを忘れないでいることが大切である。こうした二分法的な見方が，特に深刻な緊張状態のもとで起こる（「内的対象」「罪悪感」「償い」の項目を参照）。

ワーク・スルー

　フロイトは，治療から得られる利益は，取り組み続けるプロセス（ワーク・スルー）から生まれると考えていた。解釈は，単に何をワーク・スルーしなければならないかにつ

いての洞察を与えるだけである。そして，ワーク・スルーとは，解釈によって
与えられた転移（あるいは他の）関係のイメージを，現実のイメージと照らし
合わせるプロセスである。そして，指摘された矛盾は，現実的なイメージに沿
うように，徐々に放棄される。これは，クラインの暗黙のスタンスでもある。
しかし，このワーク・スルーの記述には変種がある。

　クラインの後継者に由来する変種のひとつは，包 容のプロセスである。こ
のプロセスは，乳児の母親（あるいは患者の分析家やその他の重要人物）の中
に経験が投影され，それが修正されて返ってくるというものである。ワーク・
スルーは，乳児が自分の叫び声に対して，授乳という形での母親の再定式化を
得るというだけではない。それ以上に，乳児は，空腹という経験をどのように
理解し意味を与えるかという機能を，潜在的に獲得するのである。言い換えれ
ば，「包容する」という観点から見ると，自我あるいは自己が，母親の意味を
作り出す機能を摂取することができれば，自分自身のための機能を獲得すると
いうことなのである。このようなワーク・スルーは，自我形成の直接的プロセ
スであり，ゆえに成熟のプロセスである（第19章参照）。

さらに興味がある方に（英国の場合）

　ロンドンにある THE INSTITUTE OF PSYCHOANALYSIS は，精神分析に関心を
持つ一般の人に向けて，通常クライン派だけでなく他の学派の考えも含んださまざ
まなコースを提供している。

The Institute of Psychoanalysis: http://psychoanalysis.org.uk/

THE BRITISH PSYCHOTHERAPY COUNCIL，THE BRITISH PSYCHOTHERAPY
FOUNDATION，THE FREUD MUSEUM も精神分析的なトピックに関するカンファ
レンスやコース，ワークショップを提供している。
The British Psychotherapy Council: www.bpc.org.uk/
The British Psychotherapy Foundation: www.britishpsychotherapyfoundation.
org.uk/
The Freud Museum: www.freud.org.uk/

　英国では，アカデミックな（臨床ではない）コースが，いくつかの大学で提供さ

れている。
　Birkbeck College, London
　University College, London
　University of East London
　University of Essex
　University of the West of England

［日本の場合］（以下，監訳者補足）

精神分析，精神分析的心理療法の研修や訓練は以下の機関で行われている。

＊日本精神分析協会
　　日本で唯一の国際精神分析協会（IPA）に所属し，IPA認定の分析家の訓練
　を行っている機関。
＊精神分析的サイコセラピーインスティチュート・大阪（IPPO）
　　主にクライン派のオリエンテーションを持ち，精神分析的心理療法の訓練を
　行っている。
＊日本精神分析的自己心理学協会
　　主に自己心理学の流れをくむ心理療法の訓練機関。
＊京都精神分析的心理療法研究所（KIPP）
　　米国のホワイト研究所の流れをくむ，対人関係論を主とするオリエンテーシ
　ョンで，心理療法の訓練を行っている。
＊認定NPO法人子どもの心理療法支援会（サポチル）
　　英国のタヴィストック・クリニックをモデルにした，主にクライン派の子ど
　もの心理療法の訓練を行っている。

精神分析関連の学会

＊日本精神分析学会
＊日本精神分析的精神医学会
＊日本精神分析的心理療法フォーラム

その他，以下の機関が一般向けのセミナー，講義等を行っている。

＊小寺記念精神分析研究財団

文 献

Abraham, K. (1919) A particular form of resistance against the psychoanalytic method. In Abraham, K. (1927) *Selected Papers on Psychoanalysis.* London: Hogarth.（大野美都子訳：精神分析的方法に対する神経症的な抵抗の特殊な一形式について．アーブラハム論文集——抑うつ・強迫・去勢の精神分析．岩崎学術出版社，1993.）

Abraham, K. (1924) Short study of the development of the libido. In Abraham, K. (1927) *Selected Papers on Psychoanalysis.* London: Hogarth.（下坂幸三訳：心的障害の精神分析に基づくリビドー発達史試論．アーブラハム論文集——抑うつ・強迫・去勢の精神分析．岩崎学術出版社，1993.）

Aguayo, J. (2016) Filling in Freud and Klein's maps of psychotic states of mind: Wilfred Bion's reading of Freud's "Formulations regarding two principles in mental functioning". In Legorreta, G. & Brown, L. J. (eds.) (2016) *On Freud's "Formulations on the Two Principles of Mental Functioning".* London: Karnac, pp. 19–35.

Allen, W. (1977) *Annie Hall.* Rollins-Joffe Productions.

Bell, D. (1997) Introductory Essay. In *Reason and Passion: A Celebration of the Work of Hanna Segal.* London: Duckworth.

Bell, D. (ed.) (1999) *Psychoanalysis and Culture: A Kleinian Perspective.* London: Karnac.

Bell, D. (2001) Projective identification. In Bronstein, C. (ed.) (2001) *Kleinian Theory: A Contemporary Perspective.* London: Whurr, pp. 125–147.（福本修・平井正三監訳：投影同一化．現代クライン派入門——基本概念の臨床的理解．岩崎学術出版社，2005.）

Bell, D. (2009) Is truth an illusion? Psychoanalysis and postmodernism. *International Journal of Psychoanalysis* 90: 331–345.

Bick, E. (1964) Notes on infant observation in psycho-analytic training. *International Journal of Psychoanalysis* 45: 558–566.

Bick, E. (1968) The experience of the skin in early object relations. *International Journal of Psychoanalysis* 49: 484–486.

Bick, E. (1986) Further considerations of the function of the skin in early object relations: Findings from infant observation integrated into child and adult analysis. *British Journal of Psychotherapy* 2: 292–299.

Bion, W. R. (1952) Group dynamics: A review. International Journal of Psychoanalysis 33: 235–247. Reprinted in Klein, M., Heimann, P. & Money- Kyrle, R. E. (eds.) (1955) *New Directions in Psycho- Analysis.* London: Tavistock, pp. 440–477.

Bion, W. R. (1957) Differentiation of the psychotic from non-psychotic personalities. *International Journal of Psychoanalysis* 38 (3/ 4). Reprinted in Bion, W. R. (1967) *Second Thoughts.* New York: Jason Aronson, pp. 43–64.（松木邦裕監訳：精神病パーソナリティの非精神病パーソナリティからの識別．再考：精神病の精神分析論．金剛出版，2007.）

Bion, W. R. (1958) On arrogance. *International Journal of Psychoanalysis* 39: 144–146. Reprinted in Bion, W. R. (1967) *Second Thoughts.* New York: Jason Aronson, pp.

86– 92.（松木邦裕監訳：傲慢さについて．再考：精神病の精神分析論．金剛出版，2007.）

Bion, W. R. (1959) Attacks on linking. *International Journal of Psychoanalysis 40*: 308–315. Reprinted in Bion, W. R. (1967) *Second Thoughts.* New York: Jason Aronson, pp. 93–109.（中川慎一郎訳：連結することへの攻撃．メラニー・クライン トゥデイ①〔松木邦裕監訳〕．岩崎学術出版社，1993.）

Bion, W. R. (1961) *Experiences in Groups and Other Papers.* London: Tavistock.York.（池田数好訳：集団精神療法の基礎．岩崎学術出版社，1973.

Bion, W. R. (1962) *Learning from Experience.* London: Karnac.（福本修訳：経験から学ぶこと．精神分析の方法Ⅰ〈セブン・サーヴァンツ〉．法政大学出版局，1999.）

Bion, W. R. (1970) *Attention and Interpretation.* London: Tavistock.（福本修・平井正三訳：注意と解釈．精神分析の方法Ⅱ〈セブン・サーヴァンツ〉．法政大学出版局，2002.）

Brenman Pick, I. (1985) Working through in the countertransference. *International Journal of Psychoanalysis* 66: 157–166. Republished in Spillius, E. B. (ed.) (1988) *Melanie Klein Today: Volume 2, Mainly Practice.* London: Tavistock, pp. 34–47.（鈴木智美訳：逆転移のワーキングスルー．メラニー・クライン トゥデイ③．岩崎学術出版社，2000.）

Brenman Pick, I. (2015) Countertransference: Further thoughts on working through in the countertransference. (Unpublished.)

Bronstein, C. (ed.) (2001) *Kleinian Theory: A Contemporary Perspective.* London: Whurr.（福本修・平井正三監訳：現代クライン派入門――基本概念の臨床的理解．岩崎学術出版社，2005.）

Buford, B. (1991) *Among the Thugs.* London: Secker and Warburg.

Chiesa, M. (2001) Envy and gratitude. In Bronstein, C. (ed.) (2001) *Kleinian Theory: A Contemporary Perspective.* London: Whurr, pp. 108–124.（福本修・平井正三監訳：羨望と感謝．現代クライン派入門――基本概念の臨床的理解．岩崎学術出版社，2005.）

Davids, M. F. (2006) Internal racism, anxiety and the world outside: Islamophobia post 9/11. *Organisational and Social Dynamics* 6: 63–85.

Davids, M. F. (2011) *Internal Racism: A Psychoanalytic Approach to Race and Difference.* London: Palgrave.

Eisler, M. J. (1922) Pleasure in sleep and disturbed capacity for sleep—Acontribution to the study of the oral phase of the development of the libido. *International Journal of Psychoanalysis* 3: 30–42.

Feldman, M. (1992) Splitting and projective identification. In Anderson, R. (ed.) (1992) *Clinical Lectures on Klein and Bion.* London: Routledge.（木部則雄訳：スプリッティングと投影同一化．クラインとビオンの臨床講義〔小此木啓吾監訳〕．岩崎学術出版社，1996.）

Frank, C. (2009) *Melanie Klein in Berlin.* London: Routledge.

Freud, A. (1926; English translation, 1948) *Four Lectures on Child Analysis.* London: Hogarth.（岩村由美子・中沢たえ子訳：児童分析に関する4つの講義．児童分析入門．岩崎学術出版社，1981.）

Freud, S. (1900) *The Interpretation of Dreams. Part I. The Standard Edition of the Complete Psychological Works of Sigmund Freud, Volume IV & V.* London: Hogarth.（新宮一成訳：夢解釈．フロイト全集4, 5．岩波書店，2007, 2011.）

Freud, S. (1901) *On Dreams. The Standard Edition of the Complete Psychological Works of*

Sigmund Freud, Volume VI. London: Hogarth, pp. 633–686.（道籏泰三訳：夢について．フロイト全集 6. 岩波書店，2009.）

Freud, S. (1905) *Three Essays on the Theory of Sexuality. The Standard Edition of the Complete Psychological Works of Sigmund Freud, Volume VII.* London: Hogarth, pp. 125–245.（渡邉俊之訳：性理論のための三篇．フロイト全集 6. 岩波書店，2009.）

Freud, S. (1909a) *Analysis of a Phobia in a Five-Year-Old Boy. The Standard Edition of the Complete Psychological Works of Sigmund Freud, Volume X.* London: Hogarth, pp. 3–149.（総田純次訳：ある五歳男児の恐怖症の分析「ハンス」．フロイト全集 10. 岩波書店，2008.）

Freud, S. (1909b) Notes upon a case of obsessional neurosis. *The Standard Edition of the Complete Psychological Works of Sigmund Freud, Volume X.* London: Hogarth, pp. 151–318.（総田純次・福田覚訳：強迫神経症の一例（「鼠男」）のための原覚え書き．フロイト全集 10. 岩波書店，2008.）

Freud, S. (1911a) *Psycho-Analytic Notes on an Autobiographical Account of a Case of Paranoia (Dementia Paranoides). The Standard Edition of the Complete Psychological Works of Sigmund Freud, Volume XII.* London: Hogarth, pp. 3–82.（渡辺哲夫訳：「自伝的に記述されたパラノイアの一症例に関する精神分析的考察「シュレーバー」．フロイト全集 11. 岩波書店，2009.）

Freud, S. (1911b) Formulations on the two principles of mental functioning. *The Standard Edition of the Complete Psychological Works of Sigmund Freud, Volume XII.* London: Hogarth, pp. 213–226.（高田珠樹訳：心的生起の二原理に関する定式．フロイト全集 11. 岩波書店，2009.）

Freud, S. (1914) On narcissism. *The Standard Edition of the Complete Psychological Works of Sigmund Freud, Volume XIV.* London: Hogarth, pp. 66–102.（立木康介訳：ナルシシズムの導入にむけて．フロイト全集 13. 岩波書店，2010.）

Freud, S. (1917a) *Mourning and Melancholia. The Standard Edition of the Complete Psychological Works of Sigmund Freud, Volume XIV.* London: Hogarth, pp. 239–258.（伊藤正博訳：喪とメランコリー．フロイト全集 14. 岩波書店，2010.）

Freud, S. (1917b) Lecture 28, Analytic therapy. *Introductory Lectures on Psycho-Analysis. 1916–1917. The Standard Edition of the Complete Psychological Works of Sigmund Freud, Volume XVI.* London: Hogarth, pp. 448–463.（新宮一成・高田珠樹・須藤訓任・道籏泰三訳：精神分析入門講義．フロイト全集 15. 岩波書店，2012.）

Freud, S. (1918) *From the History of an Infantile Neurosis. The Standard Edition of the Complete Psychological Works of Sigmund Freud, Volume XVII.* London: Hogarth, pp. 3–122.（須藤訓任訳：ある幼児期神経症の病歴より「狼男」．フロイト全集 14. 2010.）

Freud, S. (1921) *Group Psychology and the Analysis of the Ego. The Standard Edition of the Complete Psychological Works of Sigmund Freud, Volume XVIII.* London: Hogarth, pp. 67–143.（藤野寛訳：集団心理学と自我分析．フロイト全集 17. 岩波書店，2006.）

Freud, S. (1923b) The Ego and the Id. The Standard Edition of the Complete Psychological Works of Sigmund Freud, Volume XIX. London: Hogarth, pp. 12–66.（道籏泰三訳：自我とエス．フロイト全集 18. 岩波書店，2007.）

Freud, S. (1925) Negation. *The Standard Edition of the Complete Psychological Works of Sigmund Freud, Volume XIX.* London: Hogarth, pp. 233–240.（石田雄一訳：否定．フロイト全集 19. 岩波書店，2010.）

Freud, S. (1927) Fetishism. *The Standard Edition of the Complete Psychological Works of*

Sigmund Freud, Volume XXI. London: Hogarth, pp. 147–148.（石田雄一訳・フェティシズム. フロイト全集 19. 岩波書店, 2010.）

Freud, S. (1930) *Civilization and Its Discontents. The Standard Edition of the Complete Psychological Works of Sigmund Freud, Volume XXI.* London: Hogarth.（嶺秀樹・高田珠樹訳：文化の中の居心地悪さ. フロイト全集 20. 岩波書店, 2011.）

Freud, S. (1937) *Analysis Terminable and Interminable. The Standard Edition of the Complete Psychological Works of Sigmund Freud, Volume XXIII.* London: Hogarth, pp. 209–254.（渡邉俊之訳：終わりのある分析と終わりのない分析. フロイト全集 21. 岩波書店, 2011.）

Freud, S. (1940) Splitting of the ego in the process of defence. *The Standard Edition of the Complete Psychological Works of Sigmund Freud, Volume XXIII.* London: Hogarth, pp. 275–278.（津田均訳：防衛過程における自我分裂. フロイト全集 22. 岩波書店, 2007.）

Greenson, R. R. (1974) Transference: Freud or Klein. *International Journal of Psychoanalysis* 55: 37–48.

Grosskurth, P. (1986) *Melanie Klein: Her World and Her Work.* London: Hodder and Stoughton.

Grotstein, J. (2007) Lies, lies and falsehoods. In *A Beam of Intense Darkness: Wilfred Bion's Legacy to Psychoanalysis.* London: Karnac, pp. 147–150.

Hargreaves, E. & Varchevker, A. (2004) *In Pursuit of Psychic Change.* London: Routledge.

Heimann, P. (1950) On countertransference. *International Journal of Psychoanalysis* 31: 81–84. Republished in Paula Heimann (1989) *About Children and Children-No-Longer.* London: Routledge, pp. 73–79.

Hinshelwood, R. D. (1991) *A Dictionary of Kleinian Thought.* London: Free Association Books.（衣笠隆幸総監訳：クライン派用語辞典. 誠信書房, 2014.）

Hinshelwood, R. D. (1994) *Clinical Klein.* London: Free Association Books.（福本修・木部則雄・平井正三訳：クリニカル・クライン——クライン派の源泉から現代的展開まで. 誠信書房, 1999.）

Hinshelwood, R. D. (2004) *Suffering Insanity.* London: Routledge.

Hinshelwood, R. D. (2006) Melanie Klein and repression: Social and clinical influences apparent from an examination of some unpublished notes of 1934. *Psychoanalysis and History* 8: 5–42.

Hinshelwood, R. D. (2008) Repression and splitting: Towards a method of conceptual comparison. *International Journal of Psychoanalysis* 89: 503–521.

Hinshelwood, R. D. (2017) *Countertransference and Alive Moments: Help or Hindrance.* London: Routledge.

Hinshelwood, R. D. & Skogstad, W. (2001) *Observing Organisations.* London: Routledge.

Isaacs, S. (1948) The nature and function of phantasy. *International Journal of Psychoanalysis* 29: 73–97. Original version in 1943 published in King, P. & Steiner, R. (eds.) (1991) *The Freud–Klein Controversies 1941–45.* London: Routledge, pp. 264–321.

Jaques, E. (1955) Social systems as a defence against persecutory and depressive anxiety. In Klein, M., Heimann, P. & Money- Kyrle, R. E. (eds.) (1955) *New Directions in Psycho-Analysis.* London: Tavistock, pp. 478–498.

Joffe, W. G. (1969) A critical review of the status of the envy concept. *International Journal of Psychoanalysis* 50: 533–545.

Jones, E., Klein, M., Riviere, J., Searl, M. N., Sharpe, E. F. & Glover, E. (1927) Symposium on child- analysis. *International Journal of Psychoanalysis* 8: 339–391.

Joseph, B. (1971) A clinical contribution to the analysis of a perversion. *International Journal of Psychoanalysis* 52: 441–449.

Joseph, B. (2001) Transference. In Bronstein, C. (ed.) (2001) *Kleinian Theory: A Contemporary Perspective.* London: Whurr.（福本修・平井正三監訳：転移．現代クライン派入門――基本概念の臨床的理解．岩崎学術出版社，2005.）

Kernberg, O. F. (1969) A contribution to the ego-psychological critique of the Kleinian school. *International Journal of Psychoanalysis* 50: 317–333.

Kernberg, O. F. (1980) *Internal World and External Reality.* New York: Jason Aronson.

King, P. & Steiner, R. (1991) *The Freud–Klein Controversies 1941–1945.* London: Routledge.

Klein, M. (1921) The development of a child. *The Writings of Melanie Klein, Volume 1: Love, Guilt and Reparation.* London: Hogarth, pp. 1–53.（前田重治訳：子どもの心的発達．メラニー・クライン著作集 1．誠信書房，1983.）

Klein, M. (1923) The role of the school in the libidinal development of the child. *The Writings of Melanie Klein, Volume 1: Love, Guilt and Reparation.* London: Hogarth, pp. 59–76.（村山正治訳：子どものリビドー発達における学校の役割．メラニー・クライン著作集 1．誠信書房，1983.）

Klein, M. (1930) The importance of symbol-formation in the development of the ego. *The Writings of Melanie Klein, Volume 1: Love, Guilt and Reparation.* London: Hogarth, pp. 219–232.（村田豊久・藤岡宏訳：自我の発達における象徴形成の重要性．メラニー・クライン著作集 1．誠信書房，1983.）

Klein, M. (1932) *The Psycho-Analysis of Children.* London: Hogarth. Republished (1975) in *The Writings of Melanie Klein, Volume 2.* London: Hogarth.（衣笠隆幸訳：児童の精神分析．メラニー・クライン著作集 2．誠信書房，1996.）

Klein, M. (1935) A contribution to the genesis of manic- depressive states. *International Journal of Psychoanalysis* 16: 145–174. Republished (1975) in *The Writings of Melanie Klein, Volume 1.* London: Hogarth, pp. 262–289.（安岡誉訳：躁うつ状態の心因論に関する寄与．メラニー・クライン著作集 3．誠信書房，1983.）

Klein, M. (1945) The Oedipus complex in the light of early anxieties. *The Writings of Melanie Klein, Volume 1: Love, Guilt and Reparation.* London: Hogarth, pp. 370–419.

Klein, M. (1940) Mourning and its relation to manic-depressive states. *International Journal of Psychoanalysis* 21: 125– 153. Republished (1975) *The Writings of Melanie Klein, Volume 1.* London: Hogarth, pp. 344–369.（牛島定信訳：早期不安に照らしてみたエディプス・コンプレックス．メラニー・クライン著作集 3．誠信書房，1983.）

Klein, M. (1946) Notes on some schizoid mechanisms. *International Journal of Psychoanalysis* 27: 99–110. Republished (1952) in Heimann, P., Isaacs, S., Klein, M. & Riviere, J. (eds.) *Developments in Psycho-Analysis.* London: Hogarth, pp. 292–320.（狩野力八郎・渡辺明子・相田信男訳：分裂的機制についての覚書．メラニー・クライン著作集 4．誠信書房，1985.）

Klein, M. (1952) On observing the behaviour of young infants. In Heimann, P., Isaacs, S., Klein, M. & Riviere, J. (eds.) *Developments in Psycho-Analysis.* London: Hogarth. In *The Writings of Melanie Klein, Volume 3.* London: Hogarth, pp. 94–121.（小此木啓吾訳：乳幼児の行動観察について．メラニー・クライン著作集 4．誠信書房，1985.）

Klein, M. (1955) The psychoanalytic play technique: Its history and significance. In *The Writings of Melanie Klein, Volume 3.* London: Hogarth, pp. 122–140.（渡辺久子訳：精神分析的遊戯技法――その歴史と意義．メラニー・クライン著作集 4．誠信書房，

1985.）

Klein, M. (1957) *Envy and Gratitude.* London: Hogarth. Republished (1975) in *The Writings of Melanie Klein, Volume 3.* London: Hogarth, pp. 176–235.（松本善男訳：羨望と感謝．みすず書房，1975；メラニー・クライン著作集 5．誠信書房，1996.）

Laplanche, J. & Pontalis, J.-B. (1973) *The Language of Psychoanalysis.* London: Hogarth.（村上仁監訳：精神分析用語辞典．みすず書房，1977.）

Likierman, M. (2011) *Melanie Klein: Her Work in Context.* London: Continuum.（飛谷渉訳：新釈 メラニー・クライン．岩崎学術出版社，2014.）

Meltzer, D. (1968) Terror, persecution, dread—a dissection of paranoid anxieties. *International Journal of Psychoanalysis* 49: 396–400.

Meltzer, D. (1973) *Sexual States of Mind.* Perth: Clunie Press.

Meltzer, D. (1981) The Kleinian Expansion of Freud's Metapsychology. *International Journal of Psychoanalysis* 62: 177–185.

Menzies Lyth, I. (1959) The functioning of social systems as a defence against anxiety: A report on a study of the nursing service of a general hospital. *Human Relations* 13: 95–121. Republished (1988) in Menzies Lyth, I. *Containing Anxiety in Institutions.* London: Free Association Books; and in Trist, E. & Murray, H. (eds.) (1990) *The Social Engagement of Social Science.* London: Free Association Books.

Miller, J. (ed.) (1983) Kleinian Analysis: Dialogue with Hanna Segal. In *States of Mind. Conversations with Psychological Investigators.* London: BBC.

Money-Kyrle, R. E. (1968) Cognitive development. International Journal of Psychoanalysis 49: 691–698. Republished (1978) in *The Collected Papers of Roger Money-Kyrle.* Perthshire: Clunie Press, pp. 416–433.

Mottola, G. (2011) *Paul.* Universal Pictures.

Nisenholz, B. & Nisenholz, L. (2006) *Sigmund Says: And Other Psychotherapists' Quotes.* Lincoln, NE: iUniverse.

Obholzer, A. & Roberts, V. Z. (eds.) (1994) *The Unconscious at Work: Individual and Organizational Stress in the Human Services.* London: Routledge.（武井麻子監訳：組織のストレスとコンサルテーション——対人援助サービスと職場の無意識．金剛出版，2014.）

O'Shaughnessy, E. (1990) Can a liar be psychoanalysed. *International Journal of Psychoanalysis* 71: 187–195.

Pick, D. & Ffytche, M. (eds.) (2016) *Psychoanalysis in the Age of Totalitarianism.* London: Routledge.

Quinodoz, J.-M. (2008) *Listening to Hanna Segal: Her Contribution to Psychoanalysis.* London: Routledge.

Riesenberg-Malcolm, R. (1999) *On Bearing Unbearable States of Mind.* London: Routledge.

Riviere, J. (1936) On the genesis of psychical conflict in earliest infancy. *International Journal of Psychoanalysis* 17: 395–422.

Rosenfeld, H. (1971) A clinical approach to the psychoanalytic theory of the life and death instincts: An investigation into the aggressive aspects of narcissism. *International Journal of Psychoanalysis* 52: 169–178. Republished in Spillius, E. B. (ed.) (1988) *Melanie Klein Today, Volume 1.* London: Routledge.

Rosenfeld, H. (1987) *Impasse and Interpretation.* London: Routledge.（神田橋條治監訳：治療の行き詰まりと解釈——精神分析療法における治療的／反治療的要因．誠信書房，2001.）

Roth, P. (2001) The paranoid-schizoid position. In Bronstein, C. (ed.) (2001) *Kleinian Theory: A Contemporary Perspective.* London: Whurr.（福本修・平井正三監訳：妄想分裂ポジション．現代クライン派入門——基本概念の臨床的理解．岩崎学術出版社，2005.）

Rustin, M. & Rustin, M. (2016) *Reading Melanie Klein.* London: Routledge.（松木邦裕・武藤誠・北村婦美監訳：リーディング・クライン．金剛出版，2021.）

Rycroft, C. (1972) *A Critical Dictionary of Psychoanalysis.* London: Penguin.（山口泰司訳：精神分析学辞典．河出書房新社，1992.）

Sandler, J. (1987) *The Concept of Projective Identification.* Bulletin of the Anna Freud Centre, 10: 33–49.

Segal, H. (1950) Some aspects of the analysis of a schizophrenic. *International Journal of Psychoanalysis* 31: 268–278. Republished (1981) in *The Work of Hanna Segal.* London: Free Association Books. And republished in Spillius, E. B. (ed.) (1988) *Melanie Klein Today, Volume 1.* London: Routledge.（松木邦裕訳：精神分裂病者の分析のある局面．クライン派の臨床．岩崎学術出版社，1988.）

Segal, H. (1952) A psycho-analytical approach to aesthetics. *International Journal of Psychoanalysis* 33(2): 196–207.

Segal, H. (1957) Notes on symbol formation. *International Journal of Psychoanalysis* 38: 391–397. Republished (1981) in *The Works of Hanna Segal.* London: Free Association Books. And republished in Spillius, E. B. (ed.) (1988) *Melanie Klein Today, Volume 1.* London: Routledge.（松木邦裕訳：象徴形成について．クライン派の臨床．岩崎学術出版社，1988.）

Segal, H. (1973) *Introduction to the Work of Melanie Klein.* London: Hogarth.（岩崎徹也訳：メラニー・クライン入門．岩崎学術出版社，1977.）

Segal, H. (1975) A psycho-analytic approach to the treatment of psychoses. In Lader, M. H. (ed.) *Studies in Schizophrenia.* Ashford: Headley. Reprinted (1981) in *The Work of Hanna Segal.* New York: Jason Aronson.（松木邦裕訳：精神病治療への精神分析的接近．クライン派の臨床．岩崎学術出版社，1988.）

Segal, H. (1977) *The Work of Hanna Segal: A Kleinian Approach to Clinical Practice.* London: Jason Aronson.（松木邦裕訳：クライン派の臨床——ハンナ・スィーガル論文集．岩崎学術出版社，1988.）

Segal, H. (1979) *Klein.* London: Fontana/Collins.

Segal, H. (1997) *Psychoanalysis, Literature and War: Papers 1972–1995.* London: Routledge.

Segal, H. (2007) Yesterday, today and tomorrow. In Segal, H. *Yesterday, Today and Tomorrow.* London: Routledge, pp. 46–60.

Sodré, I. (2004) Who's who? Notes on pathological identifications. Originally written for a conference in 1995. In Spillius, E. B. & O'Shaughnessy, E. (eds.) *Projective Identification: The Fate of a Concept.* London: Routledge. Reprinted in Sodré, I. & Roth, P. (eds.) (2015) *Imaginary Existences: A Psychoanalytic Exploration of Phantasy, Fiction, Dreams and Daydreams.* London: Routledge.

Sodré, I. (2004) Discussion of M. Feldman's chapter. In Hargreaves, E. & Varchevker, A. (eds.) *In Pursuit of Psychic Change.* London: Routledge, pp. 36–37.

Spillius, E. B., Milton, J., Garvey, P., Couve, C. & Steiner, D. (2011) *The New Dictionary of Kleinian Thought.* London: Routledge.

Steiner, J. (1987) The interplay between pathological organisations and the paranoid-schizoid and depressive positions. *International Journal of Psychoanalysis* 68: 69–80.

Steiner, J. (1993) *Psychic Retreats: Pathological Organisations in Psychotic, Neurotic and Borderline Patients.* London: Routledge. (衣笠隆幸監訳：こころの退避. 岩崎学術出版社, 1997.)

Steiner, J. (2017) *Lectures on Technique by Melanie Klein: Edited with Critical Review by John Steiner.* London: Routledge.

Strachey, J. & Strachey, A. (1986) *Bloomsbury Freud.* London: Chatto and Windus.

Trist, E. & Murray, H. (1990) A new social psychiatry: A World War II legacy. In Trist, E. & Murray, H. (eds.) *The Social Engagement of Social Science: A Tavistock Anthology. Volume 1: The Socio- Psychological Perspective.* London: Free Association Books, pp. 40–43.

Varchevker, A. & McGinley, E. (2013) *Enduring Migration through the Life Cycle.* London: Karnac.

Waddell, M. (2002) Chapter 1: States of Mind. In *Inside Lives, Psychoanalysis and the Growth of the Personality.* London: Karnac, pp. 5–14.

Weintrobe, S. (ed.) (2012) *Engaging with Climate Change: Psychoanalytic and Interdisciplinary Perspectives.* London: Routledge.

監訳者解題

　精神分析は，1900年の『夢解釈』の公刊に始まり，ヨーロッパ，そしてアメリカ大陸に拡がり精神医学だけでなく，思想や文化に広範で深い影響を及ぼした。ドイツ語を母語とし，ドイツ語圏で始まったその動きは，ナチス・ドイツによりその「母国」を失い，英国とアメリカ大陸に分岐して展開していった。第二次世界大戦後，北米に移住した旧ドイツ語圏出身の分析家を中心に自我心理学が興隆し，米国社会に強力な存在感を示した。その一端は，本書にも引用されているウッディ・アレンの一連の映画に示されている通りである。1960年代から80年代にかけて，わが国の精神科医や心理士，そして一般読者において，精神分析への関心が増してきたが，当時，精神分析と言えば，専ら，この米国の自我心理学の流れを指していた。その代表例がエリクソンであろう。

　しかし，80年代に入ると，神経症を治療する方法として考えられてきた自我心理学，すなわち古典精神分析は急速にその臨床上の有用性が疑問視され，臨床的関心は神経症よりも重篤な病理を持つとされる境界例やパーソナリティ障害に移っていった。そこに登場したのは，英国の対象関係論を取り入れて境界例を論じる米国自我心理学の発展形である。カーンバーグやマスターソンなどの著作は，わが国でもこの時期，パーソナリティ障害や境界例の患者やクライエントに悩む臨床家に重宝された。さらに，自己愛を論じるコフートの自己心理学は，境界例と同じく，臨床家の関心を集めていた自己愛性の病理に対応する手助けになると考えられた。

　このような変化の中で，わが国でも英国の対象関係論の流れへの関心が増大していった。当初それは，主にウィニコット，フェアバーン，バリントなどいわゆる中間学派もしくは独立学派と呼ばれる流れに向かっていったが，次第に，クラインとその後継者への関心が強まっていった。特に，ビオンの仕事は，精神分析臨床でどのようなことが起こっているのか，精神分析臨床の本質は何なのかを改めて私たち臨床家が深く考えていく機運を作り出した。

　この間，つまり20世紀末から今世紀の初めにかけて，精神分析を取り巻く状況は，欧米においても，わが国においても，地殻変動のようなものが生じたよ

うに思われる。脳神経科学や薬物療法の進展によって，精神医学や精神医学的治療法の風景は一変した。心理学的治療法は，認知行動療法（CBT）やマインドフルネスなど多くのアプローチがよりよい治療効果のエビデンスを誇るようになった。精神分析は，治療法としてはエビデンスが定かではない実践と捉えられ（実際のところ，様々な形での治療効果のエビデンスは示されてきている），精神医学や臨床心理学における影響力は大幅に低下したようにみえる。さらに，ある意味もっと深刻な問題は，いわゆる発達障がいと呼ばれる人に臨床上接することが多くなってきたことである。ASDやADHDなどの「障がい」の問題は，精神分析実践が前提としてきた「私」のまとまり，他者と情緒的に関わることといったことは当然のものとできないことを突きつけている。

　このようにみていくと，精神分析は前世紀に繁栄した過去の遺物であり，新しい時代には衰退する運命にあるのではないかという疑念が起こって来る。21世紀の私たちの社会において，精神分析は治療として役に立つ実践なのか，精神科医療や心理臨床にそれが果たす役割はあるのかが問われているようにみえる。しかし，精神分析の歴史を振り返ってみれば，精神科医療とは何をするものか，心理臨床とは何をするものなのかをむしろ定めてきたのがまさしく精神分析であったことに気づく。とすると，精神分析は21世紀において，そのようなインスピレーションをもはや提供できないのだろうかという問いも問われるべき重要な問いであろう。

　今世紀に入って，国際的に，そして我が国において，大きな影響力を依然として持つ精神分析の流れは，ラカン派と現代クライン派そしてビオンであるようにみえる。前者は，思想の世界で，後者は臨床の世界で主要な影響力を持ち続けている。本書の第Ⅳ部の結論で述べられているように，そこには古典精神分析の勢いが枯渇していることが大きいのであろう。新たな展開の源泉をクラインの流れに求める動きが精神分析臨床家たちの間にあると言ってよいだろう。一方，ラカンの仕事と比べて，クライン，そしてビオンなどその後継者たちの仕事は臨床家以外にはあまり知られていないと言ってよいだろう。一般読者だけでなく，クライン派以外の精神分析臨床家にとっても，クラインやその後継者の仕事は，独自の用語や思考ゆえにアクセスが困難なところがあり，無用の誤解や無理解が起こりがちであったように見える。

　本書の著者の一人であるヒンシェルウッドは，精神分析家であるとともに，エセックス大学の精神分析研究の教授を務め，どちらかというと職人的で，悪くすると秘教的な傾向のあるクライン派精神分析家の中では，精神分析の他の学派

や他分野などとのつながりを志向し，「外」の世界に開かれていく試みを行い続けている。『クライン派用語辞典』（1989年刊行。翻訳は誠信書房より刊行）に始まり，『クリニカル・クライン』（1994年刊行。翻訳は誠信書房より刊行），そして『クラインとウィニコット――臨床パラダイムの比較と対話』（2018年刊行。翻訳は岩崎学術出版社より刊行）に至るまで，クラインとその後継者の理論を「外」の世界に，明確に整理し，提示する仕事に取り組み続けている。フォーチュナとともに執筆した，本書『メラニー・クライン ベーシックス』は，その最新の，そしてもしかしたら最後の仕事であり，非常に簡明な説明の中に，ヒンシェルウッドの30年に及ぶクラインの仕事の理解のエッセンスが込められている。それは，本書のイントロダクションで述べられているように，「時を経てもその妥当性が認められる基礎的な事柄のリスト」である。言い換えれば，精神分析の他学派や，精神分析以外の他分野の読者にとってもインスピレーションとなりうる基礎的な事柄が厳選されて本書には概説されていると言ってよいだろう。

　クライン理論のいわゆる入門書は，シーガルの『メラニー・クライン入門』，ブロンスタイン編の『現代クライン派入門』，リカーマンの『新釈 メラニー・クライン』などの著作が刊行されてきているが，本書はその中で，簡明さがその特徴であるというだけでなく，これまでの入門書や概説書にない独自のクライン理論の理解が示されており，それはクライン理論の新しい可能性を感じさせるものとなっている。例えば，従来，フロイトのリビドー発達論とアブラハムを経てクラインの対象関係論への移行は不連続なものと捉えられてきた。リビドー論と対象関係論は本質的に異なった理論構成であるという理解は，古くはガントリップの『対象関係論の展開』，新しくはグリンバーグとミッチェルの『精神分析係論の展開』において確立されてきた。しかし，本書でヒンシェルウッドとフォーチュナは，口，肛門，性器は，体の内と外側との境界の問題と関わり，リビドー発達論は，身体水準での自己と対象の区分けとつながりの形成と関連付けられることを指摘している。すなわち，自己が外側，すなわち対象との間でその境界をどのようにして形成していくか，そして対象への投影と摂取というやりとりを通じてその内実をどのように築き上げていくかがクライン理論のエッセンスであるが，それはフロイトのリビドー発達理論から連続的に発展したことが理解できるのである。そして，それは身体を持つ「私」がいかにそのアイデンティティを作り上げていくのか，すなわちセクシュアリティと密接に関連したアイデンティティ形成のプロセスを描いてもいるのである。

本書でしばしば，クラインは，フロイトのようにエネルギー論的な論述をせず，物語形式で論述していることを指摘している。それは，フロイトからクラインへの移行は，同じ事態を，疑似的「客観」の立場ではなく，それぞれの個人の「主観」そのものの経験として記述する立場への移行であったことを示唆している。そしてその鍵が物語形式であり，象徴化の過程なのである。

　クライン理論の核であるポジション論についても，それが自己と対象，不安とその防衛の特有のパターンという従来の説明よりも，現実（特に社会的現実）との向き合い方がその本質であることが本書では，強調されている。すなわち，社会的現実に耐えられず，それを把握する自我を分裂排除する妄想・分裂ポジションと，社会的現実と向き合う抑うつポジションという理解が明らかにされている。

　このように，ヒンシェルウッドとフォーチュナが本書で示しているのは，私たちがそれぞれ「私」をどのようにして形作っていき，社会や人とどのように関わり，つながっていくのかをクラインの理論が力強く描き出していることなのである。本書の終わりで，クライン派理論は精神分析の他の学派よりも，精神医学の世界との適合性が高いかもしれないと示唆されているが，「私」の形成や人とのつながりにおける根源的な困難である発達障がいという21世紀的な問題への豊かな示唆もクラインから得られるのかもしれない。それは，ビオン（『精神分析の方法Ⅰ，Ⅱ』法政大学出版局）に始まり，アルヴァレズ（『子どものこころの生きた理解に向けて』金剛出版）が展開してきた仕事によってすでに着手されている（拙著『意識性の臨床科学としての精神分析──ポスト・クライン派の視座』［金剛出版］参照）。さらに，芸術的創造性や差別等の社会問題，組織の問題などの領域で，クライン理論がどのように応用されうるのかについても言及されているが，これはクライン理論の現代的可能性を示唆することが目論まれた本書の際立った特徴であろう。

　本書は，クラインとその後継者の理論の基本的事項をざっくりと理解するのに最適であるだけではない。それは，木ではなく森を見て，その森がいったいどのような性質を持つのか，そしてどのような可能性を秘めているのかを，俯瞰しながら考えることのできるプラットフォームを与えてくれるのである。そういう意味で，本書は，クライン理論が，ひいては精神分析が今なお持つインスピレーションの源泉に触れる機会を提供していると言えるだろう。

平井 正三

訳者あとがき

　メラニー・クラインはとても厄介な存在だったと思う。発表された着想はことごとく批判にさらされた。その一方で，彼女の臨床観察と心の問題へのアプローチの仕方をはっきりと支持する者も少なからずいて，無視して済ませられる存在ではなかった。フェレンツィやアブラハムといったフロイトの優秀な弟子たちに認められていたことは，彼女にとって，自分の実践する精神分析への励みになっていただけでなく，周囲の非難から彼女を守る後ろ盾となっていたことだろう。

　しかし，アブラハムが亡くなったことで，ベルリンでの彼女の立場は危機を迎える。そして以前に招待され講義を行ったときに好意的に受け入れられたロンドンへと向かうことになった。というより，向かわざるを得なかった。ベルリンでは彼女の精神分析の実践を続けることが困難になりつつあったからだ。

　ロンドンに移ってからも，安全とはいかなかった。フロイト一家がロンドンに移り住んでくることによって，クラインの精神分析はまたもや危機にさらされる。クラインの考えを精神分析として認めるのかを巡って，英国精神分析協会を二分するほどの論争へと展開した。いわゆる（アンナ）フロイト - クライン論争である。この論争を経てクラインの精神分析は生き残ることになるが，論争にあたり，クラインの周りに集まった優秀な同僚たちの貢献は大きく，副産物として理論の整理と精緻化がなされた。

　晩年には，羨望についての考えを発表することで，別の学派の者からだけでなく，グループ内からも難色を示された。常に自分の観察や発見の正当性を，周囲に向かって示し続けなければならない生涯だった。

　さまざまな非難や批判にもかかわらず，クラインの考えが現在まで残り，さらに今日では精神分析の中で大きな流れとなっているのは，そこに臨床観察から得られた心のはたらきについての深い洞察が含まれているからだと思われる。監訳者の平井がまえがきで述べているように，クラインの考えが世界的に注目されるようになったのは，パーソナリティ障害など，神経症より深い層でのこ

ころの働きに障害をもつ人たちへの理解と治療に役立ったからだった。クライ
ンの考えが広く理解されるまでには時間が必要だった。そもそもクラインの著
作には読みにくさがある。オーソドックスなフロイト理論を覆すような革新性
があるが，あくまでもクライン自身はフロイトに忠実なつもりだった。また，
本書のなかでも時折触れられているように，クラインの言葉遣いには理論的整
合性よりも，体験的な視点を優先させるところがあり，クラインの著作からク
ラインの考えていたことを整理するのは一苦労である。クラインに対する理解
が進まなかったのも，そういった著作自体の読みにくさに原因の一端がある。
そこに学派間の対立感情もあり，その考えが広がるには，先に述べたように精
神分析が対象とする患者が拡張し，より重い病態を持つ者への理解にクライン
の精神分析が臨床的に役立つことが再発見されるのを待つ必要があった。そう
いった時代の流れを経て，現代では，その考えの精神分析臨床における有効性
が認められ，とくに分析家と患者の間で起こっていることを理解するための基
礎的な理論として捉えられるようになっていると思う。

　本書は，クラインの精神分析とそこからの発展について，現代の視点から捉
え直し，その考えの核となるところを的確かつ簡潔に伝えている。一筋縄では
理解できないクラインの考えをヒンシェルウッドとフォーチュナは，実に見事
に整理している。クラインがどのような状況にあり，どんな問題に取り組んで
きたのかを，年代を追って説明するという描き方をすることで，クラインの考
えがどのような影響下で発展し深化してきたのかを追体験できる。それに加え
て各章のタイトルが日常的な言葉でクラインの考えの発展の本質を捉えている。
読者がクラインの物語をたどりながら，その考えの核に自然に親しんでいける
ように作られている。著者たちのクラインの精神分析への深い理解がそれを可
能にしていると思う。

　私自身はクラインの精神分析に興味があるというより，心の発達や生成に興
味があったが，さまざまな考えを学ぶ中で，クラインの考えは私にとって基礎
的な考えとなってしまった。とくに個人の心というのは，個人の内側にはじめ
から存在するものではなく，個体が外界と絶え間なく交流する中で，生成して
いくものであることをクラインの記述を通して実感することができた。クライ
ンの言葉で言えば，自己は，対象とのあいだで投影と摂取を繰り返す中で，自

我境界や自己感覚や主体の感覚を含む「自分の心」を形成して（あるいは，形成し損ねて）いくということである。そこには自己の生得的な特性や資質と，対象の包容する力や応答する力が相互に作用し合って，個人の心が生成するという考えが含まれている。また，両者の相互作用によっては，心の発達が促進されたり，あるいは反対に病理的な組織化がなされることも示唆されている。ただ，クラインの記述には相互性についての記述は少なく，自己が投影と摂取をとおして対象をどのように体験しているのか，という記述がほとんどである。それを補うように，クラインの残した投影同一化という概念を梃子にして，ビオンをはじめとした後継者が，相互性について，とくに対象の包容し応答する力の影響について考えを展開している。このような相互作用の考えは，ほとんどが関係の問題から発生する心の問題の理解と治療を考える上で非常に役に立つと思う。本書はこういったクラインの考えの本質的なところを短いながらも的確に捉えて伝えてくれている。

　この翻訳書が世に出ることができたのは，監訳者の平井正三さんと編集者の長谷川純さんのおかげです。平井さんは監訳者として，私の拙い訳文を丁寧に直してくれただけでなく，全体の見通しを持って訳文を整えてくれました。長谷川さんは，辛抱強く訳稿ができるのを励ましてくれただけでなく，できあがった訳が読者により伝わるように細部にわたり改善してくれました。深く感謝します。また，認定NPO法人子どもの心理療法支援会（サポチル）の吉岡彩子さんと丹羽怜美さんには校正を手伝っていただきました。丁寧で繊細な作業を根気よくしてくださったことに感謝します。最後に，本書が心に関心をもつ多くの人に届き，考えを刺激してくれることを願います。

訳者　武藤　誠

索 引

*用語集に収録されている語は該当頁を太字で記した。

監訳者略歴

平井正三（ひらい　しょうぞう）

1994年　京都大学教育学部博士課程 研究指導認定退学

1997年　英国タビストック・クリニック児童・青年心理療法コース修了
　　　　帰国後，佛教大学臨床心理学研究センター嘱託臨床心理士，京都光華女子大学助教授
　　　　などを経て，現在，御池心理療法センター（http://www.oike-center.jp/）にて開業の
　　　　傍ら，NPO法人子どもの心理療法支援会（http://sacp.jp/）の理事長を務める。2011
　　　　年より大阪経済大学大学院人間科学研究科客員教授に就任。精神分析的サイコセラピ
　　　　ーインスティチュート・大阪（IPPO）会長

著　　書　『子どもの精神分析的心理療法の経験』（金剛出版），『精神分析的心理療法と象徴化』
　　　　（岩崎学術出版社），『精神分析の学びと深まり』（岩崎学術出版社），『意識性の臨床科
　　　　学としての精神分析』（金剛出版）

訳　　書　〔共訳〕
　　　　アンダーソン編『クラインとビオンの臨床講義』（岩崎学術出版社），ヒンシェルウッ
　　　　ド著『クリニカル・クライン』（誠信書房），ビオン著『精神分析の方法Ⅱ』（法政大
　　　　学出版局），アルヴァレズ著『こころの再生を求めて』（岩崎学術出版社），メルツァ
　　　　ー著『夢生活』（金剛出版）
　　　　〔監訳〕
　　　　ブロンスタイン編『現代クライン派入門』（岩崎学術出版社），タスティン著『自閉症
　　　　と小児精神病』（創元社），ボストンとスザー編『被虐待児の精神分析的心理療法』（金
　　　　剛出版），ウィッテンバーグ著『臨床現場に生かすクライン派精神分析』，ウィッテン
　　　　バーグ他著『学校現場に生かす精神分析』，ヨーエル著『学校現場に生かす精神分析
　　　　〈実践編〉』，バートラム著『特別なニーズを持つ子どもを理解する』，ボズウェル，ジ
　　　　ョーンズ著『子どもを理解する〈0～1歳〉』（以上 岩崎学術出版社），ホーン&ラニ
　　　　ャード編『児童青年心理療法ハンドブック』（創元社）

訳者略歴

武藤　誠（むとう　まこと）

2003年　京都大学大学院教育学研究科博士課程単位取得退学

専　攻　臨床心理学

2003～2020年　淀川キリスト教病院 精神神経科 心理療法室

現　職　むとう心理療法オフィス（個人開業）
　　　　NPO法人子どもの心理療法支援会正会員
　　　　精神分析的心理療法フォーラム理事

訳　　書　ウィッテンバーグ著『臨床現場に生かすクライン派精神分析』（岩崎学術出版社），バ
　　　　ートラム著『特別なニーズを持つ子どもを理解する』，ボズウェル，ジョーンズ著『子
　　　　どもを理解する〈0～1歳〉』（以上監訳 岩崎学術出版社）

メラニー・クライン ベーシックス
ISBN978-4-7533-1223-8

監訳者
平井 正三

2023年8月4日　第1刷発行

印刷・製本　（株）太平印刷社
―――――――

発行所　（株）岩崎学術出版社　〒101-0062 東京都千代田区神田駿河台 3-6-1
発行者　杉田 啓三
電話 03（5577）6817　FAX 03（5577）6837
©2023　岩崎学術出版社
乱丁・落丁本はおとりかえいたします　検印省略